锻炼学生实践力
的智力游戏策划

《"四特"教育系列丛书》编委会 编著

吉林出版集团股份有限公司

全国百佳图书出版单位

图书在版编目（CIP）数据

锻炼学生实践力的智力游戏策划／《"四特"教育系列丛书》编委会编著．—长春：吉林出版集团股份有限公司，2012.4

（"四特"教育系列丛书／庄文中等主编．学校体育竞赛与智力游戏活动策划）

ISBN 978-7-5463-8628-7

I.①锻… Ⅱ.①四… Ⅲ.①智力游戏–青年读物②智力游戏–少年读物 Ⅳ.① G898.2

中国版本图书馆 CIP 数据核字（2012）第 041987 号

锻炼学生实践力的智力游戏策划
DUANLIAN XUESHENG SHIJIANLI DE ZHILI YOUXI CEHUA

出 版 人	吴　强	
责任编辑	朱子玉　杨　帆	
开　　本	690mm×960mm　1/16	
字　　数	250 千字	
印　　张	13	
版　　次	2012 年 4 月第 1 版	
印　　次	2023 年 2 月第 3 次印刷	

出　　版	吉林出版集团股份有限公司
发　　行	吉林音像出版社有限责任公司
地　　址	长春市南关区福祉大路 5788 号
电　　话	0431-81629667
印　　刷	三河市燕春印务有限公司

ISBN 978-7-5463-8628-7　　　　　定价：39.80 元

前　言

　　学校教育是个人一生中所受教育的最重要组成部分，个人在学校里接受计划性的指导，系统地学习文化知识、社会规范、道德准则和价值观念。学校教育从某种意义上讲，决定着个人社会化的水平和性质，是个体社会化的重要基地。知识经济时代要求社会尊师重教，学校教育越来越受重视，在社会中起到举足轻重的作用。

　　"四特教育系列丛书"以"特定对象、特别对待、特殊方法、特例分析"为宗旨，立足学校教育与管理，理论结合实践，集多位教育界专家、学者及一线校长、教师的教育成果与经验于一体，围绕困扰学校、领导、教师、学生的教育难题，集思广益，多方借鉴，力求全面彻底解决。

　　本辑为"四特教育系列丛书"之《学校体育竞赛与智力游戏活动策划》。

　　学校体育运动会是学校教育教学工作的一个重要组成部分，是体育活动中的一个重要内容。它不仅可以增强学生的体质，同时，也可以增强自身的意志和毅力，并在思想品质的教育上，发挥不可替代的作用。学校通过举办体育运动会，对推动学校体育的开展，检查学校的体育教学工作，提高体育教学、体育锻炼与课余体育训练质量和进行学校精神文明建设等都具有重要的意义。本书旨在普及体育运动的知识，充分调动广大青少年学生参与体育活动的积极性，内容包括学校体育运动会各个单项的竞赛与裁判知识等内容，具有很强的系统性、实用性、实践性和指导性，将智力和游戏结合起来，通过游戏活动达到大脑锻炼的目的，是恢复疲劳、增强脑力、重塑脑功能结构的主要方式，是智力培养的重要措施。

　　青少年的大脑正处于发育阶段，具有很大的塑造性，通过智力游戏活动，能够培养和开发大脑的智能。特别是广大青少年都具有巨大的学习压力，智力游戏活动则能够使他们在轻松愉快的情况下，既完成繁重的学业任务，又能提高智商和情商水平，可以说是真正的素质教育。为了使广大青少年在玩中学习，在乐中提高，我们根据青少年的生理、心理特点，特别编写这套书。我们采用做游戏、讲故事等方法，让广大青少年思考问题，解决难题，并在玩乐的过程中，循序渐进地提高智商和开发智力，达到学习与娱乐双丰收的效果。

　　本辑共 20 分册，具体内容如下几个方面。

　　1.《团体球类运动竞赛》

　　学校体育运动的目的是调动学生活动的兴趣，提高学生参加体育运动和各种活动的积极性和参与率，让学生在运动中才能体会到参与的快乐。本书就学校团体球类运动的竞赛与裁判问题进行了系统而深入的阐述，使学生掌握组织团体球类竞赛的方法体例科学，内容全面，具有很强的系统性、实用性、实践性和指导性。

　　2.《小型球类运动竞赛》

　　小型球类运动竞赛包括排球、羽毛球和乒乓球等比赛。学校体育运动的目的是调动学生活动的兴趣，提高学生参加体育运动和各种活动的积极性和参与率，让学生在运动中才能体会到参与的快乐。小型球类运动竞赛包括排球、羽毛球和乒乓球等比赛。本书就学校个人球类运动的竞赛与裁判问题进行了系统而深入的阐述，体例科学，内容全面，具有很强的系统性、实用性、实践性和指导性。

3.《跑走跨类田径竞赛》

学校体育运动的目的是调动学生活动的兴趣，提高学生参加体育运动和各种活动的积极性和参与率，让学生在运动中才能体会到参与的快乐。跑走跨类田径竞赛包括长短跑、跨栏跑和竞走等项目比赛。本书就学校跑走跨类田径运动的竞赛与裁判问题进行了系统而深入的阐述，体例科学，内容全面，具有很强的系统性、实用性、实践性和指导性。

4.《跳跃投掷类田径竞赛》

长期来，在技术较为复杂的非周期性田径项目的教学中，一般都采用以分解为主的教学法。这种教学法，教学手段烦琐，教学过程复杂，容易产生技术的割裂和停顿现象，特别是与现代跳跃和投掷技术的快速和连贯性有着明显的矛盾。因此，它对当前进一步提高教学质量产生十分不利的影响。本书就学校跳跃投掷类田径运动的竞赛与裁判问题进行了系统而深入的阐述，体例科学，内容全面，具有很强的系统性、实用性、实践性和指导性。

5.《体操运动竞赛》

竞技性体操包括竞技体操、艺术体操、健美操、技巧、蹦床五项运动。其中，竞技体操男子项目有自由体操、鞍马、吊环、跳马、双杠、单杠六项，女子项目有跳马、高低杠、平衡木、自由体操四项。本书就学校竞技体操运动的竞赛与裁判问题进行了系统而深入的阐述，体例科学，内容全面，具有很强的系统性、实用性、实践性和指导性。

6.《趣味球类竞赛》

学校体育运动的目的是调动学生活动的兴趣，提高学生参加体育运动和各种活动的积极性和参与率，让学生在运动中才能体会到参与的快乐。本书就学校趣味球类竞赛项目运动的竞赛与裁判问题进行了系统而深入的阐述，体例科学，内容全面，具有很强的系统性、实用性、实践性和指导性。

7.《水上运动竞赛》

水上运动包含五个项目：游泳、帆船、赛艇、皮划艇、水球。本书就学校水上运动的竞赛与裁判问题进行了系统而深入的阐述，体例科学，内容全面，具有很强的系统性、实用性、实践性和指导性。

8.《室内外运动竞赛》

室内运动栏目包括瑜伽、拉丁、肚皮舞、普拉提、健美操、踏板操、舍宾、跆拳道等，户外运动栏目包括攀岩登山、动感单车、潜水游泳、球类运动等。本书就学校室内外运动的竞赛与裁判问题进行了系统而深入的阐述，体例科学，内容全面，具有很强的系统性、实用性、实践性和指导性。

9.《冰雪运动竞赛》

冰雪运动主要包括冬季运动和轮滑运动训练、竞赛、医疗、科研、教学、健身、运动器材、冰雪旅游等。本书就学校冰雪运动的竞赛与裁判问题进行了系统而深入的阐述，体例科学，内容全面，具有很强的系统性、实用性、实践性和指导性。

10.《趣味运动竞赛》

趣味运动，是民间游戏的全新演绎，是集思广益的智慧创造，它的样式不同，内容各异。趣味运动会将"趣味"融于"团队"中，注重个人的奉献与集体的协作。随着中国经济文化的迅速发展，人们精神文化生活的丰富，趣味体育也有了更广阔的发展，成为一种新的时尚。本书就学校趣味运动的竞赛与裁判问题进行了系统而深入的阐述，体例科学，内容全面，具有很强的系统性、实用性、实践性和指导性。

11.《锻炼学生观察力的智力游戏策划》

发展观察力的游戏有"目测""寻找""发现"等。这些游戏可帮助学生加强观察的目的性、计划性，扩大观察范围，使孩子能更多、更清楚地感知事物。本书对锻炼学生观察力的智力游戏项目策划进行了系统而深入的阐述，体例科学，内容全面，具有很强的系统性、实用性、实践性和指导性。

12.《锻炼学生注意力的智力游戏策划》

注意力是儿童普遍存在的问题。他们在听课、做作业、看书、活动等事情上，往往不能集中注意力，也没有耐性。在人们的生活、学习和工作过程中，注意力起着非常重要的作用。有位教育专家说：注意力是学习的窗口，没有它，知识的阳光就照射不进来。本书对锻炼学生注意力的智力游戏项目策划进行了系统而深入的阐述，体例科学，内容全面，具有很强的系统性、实用性、实践性和指导性。

13.《锻炼学生记忆力的智力游戏策划》

记忆力游戏是一种主要依赖于个人记忆力来完成的单人或团体游戏。这类游戏的形式无论是现实或网络中都是非常多的，能否胜出本质上取决于个人的记忆力强弱，这也是一种心理学游戏。本书对锻炼学生记忆力的智力游戏项目策划进行了系统而深入的阐述，体例科学，内容全面，具有很强的系统性、实用性、实践性和指导性。

14.《锻炼学生思维力的智力游戏策划》

这是一本不可思议的挑战人类思维的奇书，全世界聪明人都在做。在这本书里，你会找到极其复杂的，也是非常简单的推理问题，让人迷惑不解的图形难题，需要横向思维的难题和由词语、数字组成的纵横字谜，以及大量的包含图片、词语或数字，或者三者兼有的难题，令你绞尽脑汁，晕头转向！现在，你需要的是一支铅笔和一个安静的角落，请尽情享受解题的乐趣吧！

15.《锻炼学生想象力的智力游戏策划》

学校的智力游戏活动主要是锻炼学生认识、理解客观事物并运用知识、经验等解决问题的能力，它是直接为学生提高学习能力而服务的，也是学生学习知识的实践运用，它不仅具有趣味性，更具有娱乐性。本书对锻炼学生想象力的智力游戏项目策划进行了系统而深入的阐述，体例科学，内容全面，具有很强的系统性、实用性、实践性和指导性。

16.《锻炼学生表达力的智力游戏策划》

语言表达能力是现代人才必备的基本素质之一。在现代社会，由于经济的迅猛发展，人们之间的交往日益频繁，语言表达能力的重要性也日益增强，好口才越来越被认为是现代人所应具有的必备能力。本书从大量的益智游戏中精选了一些能提高青少年记忆力的思维游戏，为广大读者提供一个检视自身思维结构、全面解码知识、融通知识、锻炼思维的自我训练平台。

17.《锻炼学生学习力的智力游戏策划》

学校的智力游戏活动主要是锻炼学生认识、理解客观事物并运用知识、经验等解决问题的能力，它是直接为学生提高学习能力而服务的，也是学生学习知识的实践运用，它不仅具有趣味性，更具有娱乐性。本书对锻炼学生学习力的智力游戏项目策划进行了系统而深入的阐述，在游戏中培养孩子的学习能力。体例科学，内容全面，具有很强的系统性、实用性、实践性和指导性。

18.《锻炼学生空间力的智力游戏策划》

学校的智力游戏活动主要是锻炼学生认识、理解客观事物并运用知识、经验等解决问题的能力，它是直接为学生提高学习能力而服务的，也是学生学习知识的实践运用，它不仅具有趣味性，更具有娱乐性。本书对锻炼学生空间力的智力游戏项目策划进行了系统而深入的阐述，体例科学，内容全面，具有很强的系统性、实用性、实践性和指导性。

19.《锻炼学生实践力的智力游戏策划》

社会实践即通常意义上的假期实习，对于在校大学生具有加深对本专业的了解、确认适合的职业、为向职场过渡做准备、增强就业竞争优势等多方面意义。也有些学生希望趁暑假打份零工，积攒一份私房钱。本书对社会锻炼学生实践力的智力游戏项目策划进行了系统而深入的阐述，体例科学，内容全面，具有很强的系统性、实用性、实践性和指导性。

20.《锻炼学生创造力的智力游戏策划》

本书对创造能力的培养进行研究，包括创造力的认识误区、创造力生成的基本理论、创造力的提升、管理者应具备的技能等，同时针对学生设计的游戏形式来进行创造力的训练。其实，想要激发孩子的创造力，你不必在家里放上昂贵的玩具和娱乐设施。一些简单的活动，比如和宝宝玩拍手游戏，或者和孩子一起编故事，所有这些都能让孩子进入有创意的世界。本书对锻炼学生创造力的智力游戏项目策划进行了系统而深入的阐述，体例科学，内容全面，具有很强的系统性、实用性、实践性和指导性。

由于时间、经验的关系，本书在编写等方面，必定存在不足和错误之处，衷心希望各界读者、一线教师及教育界人士批评指正。

编者

目　录

第一章

学生实践力的锻炼指导

1. 什么叫实践力

实践力是人类在实践过程中解决现实问题的能力。

实践是人类自觉自我的一切行为。内在意识本体与生命本体的矛盾是推动人类自我解放的根本矛盾，其外在化为人类个体及组织、阶级通过生产关系联系的整体对于自然及个体间或者集体关系、阶级关系形成的解放活动。实践只有在自觉的意识下才是人性的、人格的。自觉是人类自我解放的一般规律，是自我意识的必然。自发是无意识的自然活动，其是人基于自然进化的基础所具有的属性。

人类基本的实践矛盾就在于内在的自我本质对于自我自然的发现及创新。而人类由于实践的科学化，在生产力进步的社会化中外在矛盾的实践再反作用于自我本体形成对于自我本体的实践主导。

实践是马克思主义的核心概念，实践活动是以改造世界为目的，主体与客体之间通过一定的中介发生相互作用的过程。实践矛盾产生物质及意识概念。物质与意识的认识是实践的规律性规定。实践的内在矛盾是意识本体与生命本体的自我解放的必然。实践的基本主体是人，实践的基本矛盾就是人的基本矛盾，其规律就是人的运动规律。人的行为范畴就是实践的行为范畴。

2. 实践的规律和特点

实践具有自身的规律和特点，是同思维和认识相互区别和相互对立的主体行为，但是实践不能脱离思维和认识独立存在，实践需要思维产生的实践意识作指挥，思维需要认识获得的知识作基础，没有思维和认识就没有实践。实践、思维和认识是统一的整体，是前后相继、息息相关的主体日常行为。

实践是世界和万物的创造者，没有实践就没有我们生活在其中的现实世界，就没有实践创造的城市、农村、山川、田野和万物，就没有在实践中得到生存和发展的主体，实践不仅创造出新的客体，而且创造出新的主体。

人的实践具有社会性。人是社会的主体，个人的实践同社会有着密切的关系，因此人的实践是社会的实践、是新社会的创造。人们能动地改造和探索现实世界的一切社会的客观物质活动。实践是人的社会的、历史的、有目的、有意识的物质感性活动，是客观过程的高级形式，是人类社会发展的普遍基础和动力。全部人类历史是由人们的实践活动构成的。人自身和人的认识都是在实践的基础上产生和发展的。

3. 实践的最基本形式

实践的最基本的形式是以下几个方面。

（1）改变自然，迫使自然满足人们物质生活需要的生产活动。它决定着其他一切活动。

（2）以调整和改革人与人之间社会关系为目的的活动，这种活动在阶级社会里主要表现为阶级斗争。

（3）以探索客观世界奥秘或寻觅有效实践活动方式为直接目的的科学试验活动。除以上 3 种基本形式外，教育、管理、艺术等一切同客观世界相接触的人的有目的的感性活动，都是实践。实践是人的主观的、感性的活动，是主观见之于客观的能动的活动，是社会的活动，是历史的活动。科学证明，人类历史同自然历史都是客观的过程。同样，构成人类历史的实践及实践自身的历史发展也是一个客观的过程。

4. 实践的表现形式

实践是主体的行为，是实践意识的表现形式。实践是主体发现客体对自己有所影响后，为了消除客体对自己的影响，肌肉运动组织在思维组织产生的实践意识指挥下，对影响主体生存和发展的事物、现象、环境、矛盾和问题进行处置，以实现主体生存和发展目标的行为。

处在变化运动过程中的事物、现象、环境经常会对主体提出一些要求，主体只有通过自身行为努力满足客观现实对自己的要求，不断解决自身生存和发展遇到的矛盾和问题，才能实现生存和发展的目标。

人是实践行为的主体之一。人不仅是一个思维者、一个认识者，而且还是一个实践者。人为什么要实践？人之所以要实践、要行动、要运用肌肉运动组织做事，是因为人遇到了必须通过自身实践才能解决的影响自身生存发展的矛盾和问题，是因为人已经认识到现实的客观事物和环境不能完全满足人的生存和发展需要，认识到人具有实践的能力、具有通过自身的肌肉运动组织的行动和行为解决遇到的生存矛盾和问题，实现生存发展目标的能力。认识到实践是人必选的生活方式。

实践意识是主体生来具有的生存意识和后天获得的全部知识经过思维融合产生的结果。

实践意识是主体发现自身生存遇到了现实的矛盾和问题后，思维组织通过对感知组织获得的全部知识的分析处理产生的，是指挥主体的肌肉运动组织进行活动、消除客体对自己的影响、解决遇到的矛盾和问题、实现生存发展目标的意向、方案、路线、方法和命令。

实践意识是主体实践行为的本质、内在规定和组成部分，是主体在实践行为发生以前思维组织确立的具体形式的主体意识，它包括实践目的、实践对象、实践方案、实践方法和手段等内容。

实践是主体在神经中枢发出的命令指挥下发生、发展和结束的行为，是主体生活的担保和根据，是主体的一种可靠的生活方式。实践反映了主体的生存需要和客观现实之间的矛盾，表明了主体在面对生存挑战时所采取的积极态度。实践是主体对客体对自己的作用、刺激和影响做出的反作用。

实践的过程是主体在实践发生以前确立的实践方案的逐步展现的过程，是主体为实现生存发展的目标、执行思维组织发出的实践命令的过程，是我们认识和发现实践意识的桥梁和必经之路。现代生物学研究已经证明，肌肉运动组织的每一个细微活动，都是在神经中枢发出的电信号的命令指挥下实现的，没有神经中枢发出的命令信号的指挥，肌肉运动组织就不会发生无缘无故的运动。神经中枢产生和发出的承载着实践意识的一组电子信号，是思维组织对感知组织获得的知识进行分析处理的结果，是实践意识的物理存在形式。实践意识存在于神经中枢向有关肌肉运动组织有序发出的一组电子命令信号之中。思维组织对感知组织获得的知识进行的分析和处理，是思维组织内部发生的严格遵循自然规律的变化、运动和反应，思维的过程是我们完全可以认识的生化运动和物理运动的过程。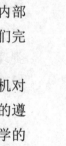

电子计算机具有类似人脑的思维功能。计算机的思维，计算机对经输入组织获得的电子信息知识的分析处理，是计算机内部进行的遵循我们已知的物理定律的运动。虽然计算机的思维不包含生物化学的运动和变化，比人的思维简单的多，但是两种思维产生的结果是完全相同的，人脑和电脑的思维都能产生指挥主体行为的电子信号命令。电脑思维的结果表现为电脑向显示器发出的将特定语言文字在显示器屏幕上显示出来的电子信号命令，人脑思维的结果表现为人脑向肌肉运动组织发出的指挥人的具体行为电子信号命令。

眨眼睛是简单的实践行为，数百万人参加的战争或经济建设是复杂的实践行为，虽然这两种实践行为的区别是明显的，但是它们具有共同的本质和组成部分，它们都包含着一个完整的实践意识，都是人脑发出的实践意识的自然展现形式，都是主体神经中枢产生和发出的一组完整的电子信号的展现形式。

5. 实践的基本发展

实践有着诸多的含义，经典的观点是主观见之于客观，包含客观对于主观的必然及主观对于客观的必然。在恩格斯的自然哲学中，揭示人的思想产生于劳动，即人的主观意识产生于人的实践行为，同时人的主观意识反作用于客观存在。在马克思那其主要强调人的社会实践，强调实践的社会性。强调人的社会意识具有的生产力历史性、阶级性。但他们都是物质的、辩证的。人的主观与客观存在都是物质的。主、客观是认识论上的区别，是相对于实践的内外关系的定义。实践论是基于唯物论及辩证法两者总体的认识。毛泽东的《实践论》强调实践的主客观矛盾发展对于认识及再实践的认识发展过程。认识上升到理论的指导作用。在当代以来强调实践的真理标准，其包含真理的发现及检验、实现，见之于客观。

人是人的客观存在。人本身是物质的，是具有特定意识体存在的客观物质。人的内在矛盾包含一对物质矛盾。

意识本体对于生命本体的物质矛盾，此一矛盾是人类内在的基本矛盾，是物质的。人内在矛盾总体同时与外在世界构成人类的发展矛盾。其同时可分个人主体的外在社会及自然矛盾与社会主体的人类内在与外在矛盾。这些矛盾总体的是人的实践！早期马克思主义者主要是社会总体矛盾的解放探索与对于自然的解放探索。当代马克思主义对现代科学及社会发展进行新的发现与探索在个人为核心的人类内在矛盾实践领域进行广泛的探索，汲取资产阶级学者的有益成果，进一步扩大研究范畴，将马克思主义的实践观点进行了全面丰富。

6. 实践力等级指数及测试

实践力指数是衡量组织和个人达成目标的行动能力的重要指标，是对人生蓝图制定能力，年度、月度和周目标进行分解能力及每日任务的执行能力进行综合评价后得出的分值。

(1) 实践力的等级和指数

实践力等级是以个人在实现目标过程中所表现的个人特质为基础，重点围绕个人主动行动的动力大小，掌握行动方法的多少，运用行动工具的程度来综合评价个人实践力等级。实践力指数是对实践力等级的具体量化数值，通过该指数个人可以更直观地了解其行动能力的成长变化情况。

(2) 实践力等级划分标准

根据"旗帜实践力系统"对个人实践力指测试数值，个人行动能力可划分为四个等级。

第一，入门级（实践力指数在 30 以下）：有想法，但工作主动性差，害怕冒险，惧怕工作中所面对的困难与挫折；容易受惰性和不良风气的影响，对自己没有自信；奋斗目标不坚定，缺少行动动力。

第二，初级（实践力指数大于 30，小于 60）：敢于主动请战，承担相应的工作与职责；敢于用"尝试"的方法解决问题，不惧怕困难与挫折，对自己比较有自信；树立了相当明确的目标，并开始尝试为之努力。

第三，中级（实践力指数大于 60，小于 80）：敢于打破固有模式，敢于用新办法、新思路对原有工作创新和解决问题；敢于立即采取行动，不怕失败打击；对于上级安排的工作总能按时或者提前完成；积极应对工作压力，在工作中不怕困难与挫折，敢于不断尝试；已经能有效运用行动工具，掌握一定的实现目标的具体方法。

第四，高级（实践力指数大于80）：具有强烈的企业家冒险精神，非常愿意通过不断尝试创造从无到有的结构；面对过程中的困难与挫折毫不畏惧，坚持走自己的路，有足够的实践力实现目标、管理目标。

(3) 实践力指数测试工具

测试个人实践力指数，可以明确自己实践力等级，对自己的工作与学生产生有效指导，推荐可免费下载实践力工具：旗帜实践力系统。

它根据用户在"实践力系统"使用过程中所体现的目标制定、计划分解、时间管理、学习提升、任务执行、总结分析等各项能力指标进行综合评价后得出值，可对个人实践力的具体量化，通过该指数个人可以更直观地了解其行动能力的成长变化情况，是衡量组织和个人达成目标的行动能力的重要指标。

7. 实践力的重要作用

在生活当中，很多人喜欢胡思乱想——尤其喜欢负面思考，因为想太多于是把所有的困难都想出来了。其实人的所有困难和不快乐，可能都是想出来的。特别是喜欢胡思乱想、担忧及烦恼的人，想得再多，都不如采取一个行动来得简单又有用。

所以，我们要大胆假设，小心求证，经过再三评估，然后就去行动。

比如学校里面，许多小朋友原本就最喜欢实验课了，因为可以自己动手；家庭互动中，妈妈也可以在每天做家务的过程中，邀请小朋友一起来，一边聊天、一边劳动，把它变成一项快乐的家庭活动。父母、教师便可以如此带领小朋友在生活里面，学习如何采取行动，在行动的过程当中学习成长。

又比如运用在人与人的沟通方面，有时人与人之间的相处，我们会在心里一直猜测对方的心意，猜他为什么不理我、他今天为什么对我脸色不好、他看到我为什么没跟我打招呼……常常我们都在心里面不断担心和揣测，此时，最佳的方式或许就是走过去，明白地问他：为什么你今天对我的表情特别不友善？可能对方就会告诉你，其实你误会了，因为我正在烦恼我爸妈的健康呢。另外，我们也发现，许多父母遇到问题都不敢直接跟小朋友谈，好像怕他会生气或难过，还会担心两个人到时会说不上话。建议大家，不论是亲子问题或一般的人际之间，尽可能都要直接沟通，因为直接沟通就是采取行动——行动才是最有力量的，尤其如果能够做到"贯彻到底"就最好了。

举个例子，以前有两个和尚，一个富和尚、一个穷和尚，这两个和尚都有一个理想，要到南海去拜佛。然后，富和尚心里想：哎呀，要到南海这么遥远呢，我还是多存一点钱吧，等到准备万全时再上路吧！但穷和尚心里想：反正我也没有多少钱，再存也存不了多少，不如就先上路再说，这一路也许化缘、也许寄宿，一路想办法应该就能够到达南海吧！结果如何，各位猜到了吗？是的，三年过后那个穷和尚已经拜完南海观音菩萨回来了，而那个富和尚还在原地存钱呢！

所以说，许多事情想太多反而没有用。再打个比喻，就像有一道门，你在门的后面去猜测门的另一边有什么啊？等一下会遭遇到什么？会发生什么困难？那么，到最后你可能都只在那里空想，与其空想，不如踏出那一步！踏出那一步之后，你就会知道门后面有什么了！

当然，我们也不要鲁莽行动，并且更要贯彻实践力。换言之，所谓的实践力，其实包含了"执行与贯彻"，意思是，一件事情你说到了就要把它执行到位，如果执行不到位就要问问困难在哪里。不少学生做事经常是三分钟热度，一下子就没耐心了。所以，父母、教师在教育他们的过程中，要经常跟他们强调实践力和落实的重要，令其了解凡事脚踏实地地去做，踏出了第一步，就有第二步，踏出了第三步，第一百步也就指日可待了，正所谓万丈高楼平地起，愚公移山也是从实实在在去一铲接着一铲而开始的。

8. 激发实践力的方法

按照"成就动机"理论，实践力的来源最终会归结于追求快乐和逃离痛苦两个方面。

激发实践力的方法很多，但他们的基础都是共同的，那就是"明确"，因为明确就是力量。假使我们想持续地增强自己的实践力，做到以下"七大明确"是十分有必要的。

(1) 明确生活与工作的意义

你应该认真回答自己：我为什么而活着？

有的人是为了及时行乐；

有的人是为了家庭、子女；

有的人是为了活出个人样；

有的人是为了成就一番事业……

如果仅仅是为了自己的温饱，你可能不需要花太大的力气就可以满足，因此常也不会有太大的实践力。

(2) 明确自己人生的使命

人因梦想而伟大。高尔基言：目标越远大，人的实践力就越强。

有的人，他的使命是为了实现社会的自由、平等、博爱；

有的人，他的使命是为了让黑人的子女能与白人的子女在一个学校里读书；

有的人，他的使命是为了弘扬某一处文化；

有的人，他的使命是为了让13亿人能吃饱饭；

有的人，他的使命是为了人们购物、出行、办公等生活工作变得更方便；

有的人，他的使命是为了让每一个人都懂得如何拥有成功人生……

当然，也有人小有成就，就失去了斗志，而那也许正是因为他的梦想不够远大。

为使命而工作的人，永远不缺实践力。

扪心自问，自己人生的使命是什么？

(3) 明确为何要达成这个目标

为每一个目标写下为何要达成它的十条以上理由。其中当然包括达成它的快乐是什么？达不成时痛苦是什么？理由越多、越明确，实践力将越强。

有人曾为自己三年达成"百万富翁"的目标写下了*21*条理由。千万不要小看这一个小小的举措，它会帮你储备无穷的实践力！

记住："为何"远比"如何"更重要。

(4) 明确地将以上这些写下来

"写下来"的含义包括以下几点。

用最明确的文字，尤其是数字描写出来。

尽量将其视觉化的文字或图像，摆放在你随时或每天都能轻易看得到的地方。每天的视觉刺激会让你的潜意识"刻骨铭心"。不要太轻信用脑袋记忆，记忆的作用太有限。因为用不着多久，每天纷繁复杂的事务与信息，会将你的这点记忆冲刷得一干二净。

(5) 明确知道如何达成自己的目标

必须明确知道达成每个目标的必要条件、充分条件、辅助条件，明确地为每个目标制定详细到你现在就知道该去干些什么。

(6) 明确列出自己达成目标的全部制约因素

如不利条件、担忧的事、自身的缺陷、不良习惯、竞争对手等。

（7）明确知道现在就应该全力以赴地行动

许多条件是在"运动中"完善的。不要总是等待明天，不要等到万事俱备才开始行动，只有积极行动才会真正万事俱备。

行动的时候请保持专注，不要在胡思乱想中浪费光阴。经常带自己进入"忘我境界"。没有行动的时候人常有一个特征：想得太多，而做得太少。因为做得太少，得到的也就不会太多，于是，恶性循环又给他带来更多新的困惑。

如果自己现在正迷茫，并对以上各项都不太明确，那就请明确地把眼前手头上的事情全力以赴做到最好。

先将眼前的事情做好，至少可以帮助你拥有更大的优势去获得未来的机会。

在前进中思考，不要停下来叹息。

9. 大学生实践力的培养

实践是衔接大学生在校学习的知识和走出校园运用知识不可缺少的途径，人的认识水平升华和动手能力的提高也离不开实践活动。培养提高大学生的实践能力，是高校开展素质教育、深化教育教学改革、大力提高教育质量的中心环节。因此，培养提高大学生的实践能力，对当代大学生自身、对高校、对社会有着十分重大的理论和现实意义。

（1）提高大学生实践能力的必要性

第一，大学生就业压力剧增，社会需要复合型人才。首先，大学生毕业人数继续增加，竞争依然激烈。仅 2010 年全国大学生毕业人数就在 700 万以上。但是，毕业人数的增加并不意味着就业机会的增加。相反，很多企事业单位受金融危机的影响，裁员减支，造成了岗位的减少。而大学生可供选择的岗位更加减少，导致待业大学生的人数不断积累，这样造成了恶性循环，就业问题会更加严重。

　　其次，随着现代科学技术的迅猛发展，人类社会正在由学历社会向能力社会发展，社会上的用人观念也在转变。用人单位在招聘人才时，不仅要看求职者的文凭和学历，而且要看其能力，看其是否有真才实学，正所谓"纸上得来终觉浅，绝知此事要躬行"。更有用人单位在招聘时都明确指明需要有社会工作经验的人才，拒绝应届毕业大学生。这更说明了社会对综合实践能力的重视和大学生实践能力不足。

　　所以，提高大学生实践能力对解决大学生就业问题是十分必要的。

　　第二，国家非常关注大学生实践能力的提高问题。我国和谐社会的发展离不开教育，早在党的十六届六中全会通过的《中共中央关于构建社会主义和谐社会若干重大问题的决定》中指出的"保持高等院校招生合理增长，要注重增强学生的实践能力、创造能力、就业能力和创业能力"的必然要求，是落实科学发展观、促进高等教育协调发展的需要，是培养高素质人才、提高自主创新能力、建设创新型国家的需要。科学发展观的核心是以人为本，要求实现人的全面发展。而从高校来看，则是要始终坚持以学生为本，从人本关怀的角度出发，根据当前大学生面临的亟待解决的就业、升学等问题，千方百计提升大学生群体的综合素质和实践能力，帮助他们更好地适应未来社会对人才提出的高标准要求。在国家创建和谐社会、发展科学发展的重要阶段，提高大学生实践能力有利于学生自身的发展，有利于学校培养更加可靠的创新型人才，有利于社会的稳定、高速发展。所以，提高大学生实践能力成了我国开展教育事业、培养人才的又一新战略。

　　第三，大学教育缺乏对实践能力的培养。大学毕业生就业的困难可以与此问题相联系，社会普遍对大学生的动手、社交等综合能力持怀疑态度。这必然与传统大学教育的弊端分不开。传统大学教育中的课程设置、教学方法等问题常导致培养的人才不能适应社会的需要，存在着课程结构过于强调学科本位、科目过多和缺乏整合的现状。很多大学课程繁重，对学生知识的掌握程度要求过高，学生整日埋头于课本理论知识的研究，很难真正联系到实际，更无法发挥自主想象力将所学知识拔高到运用知识解决问题的高度。目前，在校大学生中普遍存在着考试得高分，但是无法想象到知识运用到何处，更不知道将来工作上如何发挥。有些学生抱着在学校学知识，获取毕业证书，拿到就业敲门砖，等到了工作岗位上，再学习怎么运用知识的思想。这样必然严重影响毕业大学生的真实水平，也更增加了用人单位对大学生的怀疑。所以，提高大学生实践能力可以让大学生更好地认识知识、掌握知识、运用知识。一种综合试的教育模式势在必行。

第四，在校学生已认识到实践能力对自己的重要性。很多高校学生主动联系有实践机会的单位，参与社会实践活动，了解社会的同时了解自己的不足。各个高校也通过与企业合作，为学生提供实习机会，调动学生实践的积极性。而面对当前的就业压力，大学生也在通过不断提高自身能力，使自己适应社会的发展。很多在校学生通过在外兼职、参加学生会等方式锻炼自己，或者通过参加暑期实践活动、参观企事业单位等了解就业形势。可见，部分大学生从主观上希望提高实践能力，而就业的压力又从客观上推动大学生认识实践能力的作用。学生自主需要提高实践能力，学校为其提供机会理所当然。

（2）学生实践能力培养存在的问题

大学不仅是青年学生学习科学文化知识的殿堂，而且是他们培养能力、展示才华、挖掘自身潜在价值的广阔舞台。传统的大学教育往往重视学生理论知识的传授，虽然已经开始重视实践能力的培养，但是其中存在着很多问题和漏洞。

第一，实践能力培养的机制尚不完善。高校中现有人才培养机制，重视理论教育，但是实践能力培养没有达到当今社会发展的需要。高校中为学生提供的实践机会主要有企业实习活动、参加学生会、勤工俭学、课程实验或实习、社会实践等。这些方式看似充足，但是并没有形成由点到面的统一的实践能力培养系统。

首先，学校没有帮助学生选择实践方式的机构。学生选择参加实践活动，具有一定盲目性。学生往往通过自己对自己的认识或者个人爱好参加实践活动，可能感觉自己得到了锻炼，但是由于没有充分的认识和选择实践方式，往往达不到最佳的效果。有些学生甚至因为不适应已选实践方式而主动放弃。

其次，学校支持实践活动的力度还不够。这里所说的支持是指资金、政策等多方面的。很多学校的学生会存在着资金的严重缺失，这导致学生工作和很多学生活动无法进行。很多有创意的学生活动更得不到发展。这间接使很多学生实践活动被抹杀。而由于时间安排问题，学生由于课程繁多，以课业为主而错过很多实践活动机会。另外，我国很多高校虽然在实践能力培养机制中说明实践能力的重要性，但是并没有在活动过程中显示出来。很多实践活动流于形式，没有真正落到实处。也就是说高校并没有做到真正重视实践能力的提高，这也间接消减了学生参加实践活动的热情。"无规矩不成方圆"，如何完善实践能力培养机制具有总的战略意义。

第二，课程设置与师资配置没有达到实践要求。众所周知，我国课程教育计划按照学生课程学习，制定人才培养计划，让学生一步一步由浅入深学习理论知识。但很多课程内容陈旧，课程结构单一，学科体系相对封闭，难以反映现代科技、社会发展的新内容，课程评价过于强调学业成绩等。例如，很多高校没有专门开设提高实践能力的课程，课程考核也缺少学生实践能力和动手能力的内容。诚然，没有理论知识是不行的。但是，不通过实践无法理解理论知识内容。高校师资配置也倾向于理论教学。很多工科院校理论教学教师足够，但在实验课程中教师人数不足，学生无法从实验学习中提高。这不仅降低了实践的效果，也间接降低了理论学习的效果。课程作为提高人才培养质量的关键，对学生发展具有重要意义。如何解决这一问题，使素质教育的实施在新时期能有一个突破性的进展，已成为十分紧迫的问题。

第三，可供选择的实习机会过少。现在越来越多的大学生主动走出校园，寻找实习和锻炼的机会，原因就在于当下很多企业在招聘员工时更青睐"熟手"，而就业形势趋紧这一大背景也成为大学生寻找实习机会的助推器。更多的实习经历，就意味着更大的求职砝码。正因为如此，大学生想要获得一个好的实习机会变得并不那么容易了，高校中可供选择的实习机会供不应求。

同时，企业提供实习机会也十分缺乏。2009年我国仅有5%左右的企业为学生提供实习机会，而这些企业大部分为三资企业，且多数集中在北京、上海等大中城市，占到全国企业总数的99%以上，吸纳75%以上从业人员的中小企业却很少对大学生开放实习机会，二级城市实习机会较少，二类三类学校学生更难找到实习机会。所以，高校与企业联合解决此类问题也迫在眉睫。

第四，大学生自身对实践活动的参与度和重视程度不够。高校存在的问题并不能掩盖学生自身的问题。虽然很多学生认识到实践的重要性，但是积极行动起来的还不够。比如，高校大多组织暑期实践活动，但是每年参与团队人数并不理想。参与实践学生很多流于形式，重视"面子活"。有些学生甚至以旅游为目的参与实践。学校在想办法提供实践机会时，也要努力控制时间的质量。这也是需要高校与学生共同解决的问题。

（3）提高大学生实践能力的思路

第一，完善大学生的实践培养机制，树立创新精神和实践能力为重点的素质教育观。

要改变长期以来单纯用分数评价学生的片面做法，因为它压抑了学生的创造性和实践能力培养。一是增加实践环节培养的比重。首先，提高实践培养在教学计划中的比重。大学要在努力搞好第一课堂学习的同时，根据学生的兴趣、特长并结合自己所学的专业，为学生提供自己喜欢的课余学术研究活动，力求通过第二课堂活动培养自己的科研能力和动手能力。其次，可以多为学生安排实践活动。例如，西安交通大学城市学院倡导的"四年实践不断线"安排和"实习＋就业"的新培养模式，要求学生完成每年寒暑假的校外社会调查、社会实践、专业认识实习和校内外的专业实习、毕业实习及实训基地的"实习＋就业"等不间断实践活动，大大提高了学生的实践技能，毕业生普遍受到用人单位的好评。二是完善学生实践考核评价机制。作为学校教育，要转变陈旧的教育观念，在对学生的评价体系中，增加实践能力和创新能力的比重。很多学校奖学金评定已经开始注重实践环节，并取得了不错的效果。通过这些措施使督促学生自主投身于实践。同时，也使学生改变观念，重视实践能力，为将来就业打下基础。三是完善学生实践奖励机制。学校的报销经费不足是阻碍学生实践活动的一个重要原因。学校应该加大奖励实践的力度。这种奖励并不仅是单纯的金钱，有了奖励措施，学生必将受到鼓舞，在精神和物质奖励的双重激励下，以更饱满的热情投身社会实践当中。事实上，大多数获得奖励的团队很可能将这笔奖金作为活动开支的报销，乃至下一次活动的储备经费，这其实是对学生社会实践工作实实在在的支持与鼓励。例如，西安交通大学开展的学生暑期社会实践活动，效果显著。

第二，全社会动员，共同为提高大学生实践能力努力。

大学生实践能力提高了，进行了自我升华，成为综合型的人才，对社会、国家、企事业单位的稳定和谐发展也是有重大意义的。因此，全社会应该共同努力，为大学生提高实践能力提供更多的便利。一是国家可制定政策支持学生实践。提高大学生实践能力是解决大学生质量问题、就业问题的重要方法。国家应该大力支持学校开展实践培养，为学校提供政策和资金保证。同时，鼓励社会企业为大学生提供实习机会。二是加强校企合作，鼓励企业为大学生提供更多的实习机会。社会企事业单位应该为解决大学生实习机会少而贡献一份力量。例如，学校和企业可以采用"实习＋就业"的一条龙联合培养新模式。企业通过大学生实习可为自己选择可用之才，等就业直接将其签下。而学生通过实习锻炼自己实践能力的同时，如果表现好了将来可以直接在该单位就业。这种模式既为单位选拔了人才，同时又解决了学生就业的问题。

第三，完善大学生的自我教育，师生合力，强化实践意识。

教师服务学生，学生服务社会。一切为了培养学生的创造精神和实践能力，一切为了社会需要，学生用在大学期间所学的报效国家。教师要乐于发掘并鼓励学生的实践能力，对学生进行整体上的指导。教师作为学生成长道路上的领航者，对学生选择发展方向起到了至关重要的作用。教师不仅要在课堂上调动学生实践的积极性，在生活中要多强调实践的重要性。有必要时可以组织学生参加实践活动。而大学生已经具备了一定的独立思考的能力，在不断的自我反思和自我批评的过程中，他们也不断地认识了自我，并为自己选择方向。这在培养学生实践能力中是非常重要的。只有树立了正确的人生观，愿意成为国家社会需要的创新型人才，才能有意识的学知识，并按国家经济、技术的发展需要来调整自己的学习方向、思维方式。根据需要，选择知识的运用方式，在实践中探索，从而既提高知识水平，又提高社会需要的实践能力。这样，学生就将客观的社会需求转化为主观的内在需求，勇于实践存在于学生的主观意识中，成了学生个体人格中的一种特质。有了勇于实践的精神，学生就会想办法解决问题。这样，立志、学习、实践就有机地结合起来了。学有特长，干有特色，每个大学生在大学阶段都养成这种勇于创新、敢于实践的精神，毕业后，就能适应社会的需要，做一个合格的创新实践型人才。

总之，大学生实践能力的提高是一个不断探索的过程，我们应该更新理念，积极探索适合未来社会发展需求的高素质人才培养新模式，不断提高大学生的实践能力和就业竞争力，迎接市场经济的挑战。

第二章

学生实践力的锻炼游戏

1. 递推数字（1）

逻辑递推

25，15，10，5，5，（？）

A. *10*；B. *5*；C. *0*；D. －*5*。

2. 递推数字（2）

逻辑递推

3，4，6，12，36，（？）

A. *8*；B. *72*；C. *108*；D. *216*。

3. 递推数字（3）

逻辑递推

0，2，10，30，（？）

A. *68*；B. *74*；C. *60*；D. *70*。

4. 如何测定时间

室内有两根均匀分布的蜡烛，和一个打火机。已知点燃蜡烛的一头，烧完时刚好是一个小时，如果蜡烛只允许折断一次，如何测定 *15* 分钟和 *45* 分钟？请说出最合理的方法。

5. 思维学家

一位思维学家误入某犯罪团伙，被囚禁起来，团长欲意放行，他对思维学家说："今有两条路，一是自由，一是死亡，你可以随意开通一条道路。现从两个团伙中选择一人负责解答你所提的任何一个问题（Y/N），其中一个很诚实，另一个喜欢说谎，今后生死任你选择。"思维学家沉思片刻，即向他们发问，然后开门从容走去。思维学家应如何问的问题？

6. 找箱子

某政府里面有 100 箱黄金，每箱 100 块，每块一两。有贪官把某一箱的每块都磨去一钱，那么请问：怎样一次找到不足量的那个箱子？

7. 罐子

小强家有这样五个装药丸的小罐子，每个药丸的重量都是一定的，如果有药丸被污染了，那么药丸的总重量就是原来的重量加 1。只称量一次，请问小强将怎样知道哪个罐子的药丸被污染了？

8. 取球问题

假如在操场上按顺序排列着 100 个乒乓球，小明与小红轮流着拿球装入球袋，如果谁能拿到第 100 个乒乓球，那么谁就是胜利者。规定：在每一次拿球的时候每人至少要拿 1 个，但最多不能超过 5 个，请问假如小红是最先拿球的人，她该拿几个？怎样拿才能保证自己可以拿到第 100 个球？

9. 钟表重合问题

每天是 24 小时，在这 24 小时之中，钟表的时针、分针和秒针完全重合在一起的时候有多少次？它们分别是什么时间？你是如何计算出来的？

10. 爬楼层

有一座楼房共有楼梯 10 层，若每次只能跨上一层或两层，要走上第 10 层，共有多少种走法？

11. 衣服的成本

美国制成衣服的成本比英国低 10%，即使加上关税和运输费，从美国进口衣服的情况来讲仍比在英国生产便宜。由此，下列哪一项是正确的说法？

A. 美国的劳动力成本比英国低 10%。

B. 从美国进口衣服的关税低于在英国生产成本的 10%。

C. 由美国运一些衣服的费用高于在英国制成衣服的 10%。

D. 由美国生产衣服的费用是英国的 10%。

12. 爱好哪一科

李老师的班级里有 60 名学生，并且男女生各一半。其中有 40 个学生喜欢英语，有 50 个学生喜欢数学。其可能出现的情况是？

A. 20 个男生喜欢英语而不喜欢数学。

B. 20 个喜欢数学的男生不喜欢英语。

C. 30 个喜欢数学的女生不喜欢英语。

D. 30 个喜欢英语的男生只有 10 个喜欢数学。

13. 数学及格问题

生物系的女生比男生多，在一次数学期末考试中，生物系不及格的学生超过了一半。由此可见：

A. 女生不及格的人比男生多。

B. 女生不及格的人比男生及格的人多。

C. 女生及格的人比男生多。

D. 女生及格的人比男生及格的人多。

14. 他赚钱了吗

一个人花 10 块钱买了一盆花，12 块钱卖掉了，然后他不满意，花 15 块钱又买了回来，17 元钱卖给了另一个人。那么他赚钱了吗？

23

15. 寻找大珍珠

在 1～10 号房间的门口都放着一颗珍珠，珍珠大小不一。一个人从一头开始经过十个房间直到另一头，不能回头，只能拿其中一个门口的珍珠，他怎样才能拿到最大的一个？

16. 如何通过

有 4 个人要通过一条河，必须在 17 分钟内完成，现在只有一条木舟只能坐两个人，所以木舟必须在两岸来回行驶，已知甲划船通过需要 1 分钟，乙划船通过需要 2 分钟，丙划船通过需要 5 分钟，甲划船通过需要 10 分钟。他们通过的要求是：

（1）两人通过时，必须让划得最慢的人划船；

（2）必须是已经过到对岸的其中的一个人划过去。

他们是如何通过的？

17. 分割大枣

有一农夫要把 140 kg 大枣分成 50 kg、90 kg，现在只有 7 kg、2 kg 砝码各一个，天平一只，而且要求只能称 3 次，这事难坏了很多人，但是农夫还是成功了，你知道他是怎么称的吗？

18．填空

在下面的空格里，每空只能填 0～9 十个数中的一个，如何填写才能使下面的等式都成立，要求：

每个数字能且只能使用一次。

（　　）＋（　　）＝（　　）；

（　　）－（　　）＝（　　）；

（　　）×（　　）＝（　　）（　　）。

19．金字塔是怎么形成的

如何利用加法和乘法形成这样的金字塔图形？

9

98

987

9876

98765

987654

9876543

98765432

987654321

20．五万里运输

一辆三轮长途车要完成五万里行程，老板一共给了司机 8 个轮胎，每个轮胎的寿命是 2 万里，司机是怎么完成任务的？

21．老兔子生小兔子

假如说一对兔子每个月可以生一对小兔子，然而在这一对兔子生下后第 2 个月就可以生小兔子。那么，从刚刚出生的兔子算起，在一年里能繁殖多少只兔子？

22．猴子与桃子

有这样 5 只猴子在果园内发现一堆桃子，它们决定第二天来平分。第二天清晨，有一只猴子来得最早，它左分右分分不开，就扔了一只，这时刚好可以分成 5 份，于是这只猴子带上自己的一份走了。接着的 2，3，4，5 只猴子也有相同的问题，并采取了同样的方法，也就是说每只猴子都扔掉一个桃子后，刚好可以分成 5 份。请问这堆桃子至少有多少个？

23．药瓶的问题

小丽家有十瓶药，每个瓶子里都装有 100 片药，其中八瓶药中每

26

片的重量是 *10* g，另有两瓶里的药每片重 *9* g。可以用一个很标准的小秤，如果只称一次，怎么找到含量较轻的那两个药瓶？

24．球赛问题

河南、河北、山东、山西和吉林每队都参加了两次足球联赛。

（1）每次联赛进行四场比赛：河南对河北、河南对辽宁、山东对山西、山东对吉林。

（2）只有一场比赛在两次联赛中输赢的情况保持不变。

（3）河南是第一次联赛的冠军。

（4）在每次比赛中，如果输一场就会淘汰，只有冠军每一场都没输。

（5）每场比赛都不会有平局的情况

请问哪个省份是第二次比赛的冠军？

A. 河南

B. 河北

C. 山东

D. 山西

E. 吉林

25．天平上的小球

有四个外表一样的小球，但是它们的重量不同。取一个天平，将A、B归为一组，C、D归一组，然后分别放在天平的两边，这时天平是基本平衡的。将B和D对调一下，A、D一端明显要比B、C一端重得多。可奇怪的现象是，在天平一端放上 A、C，而另一端刚放上 B，还没有来得及放上 D 时，天平就压向了 B 一端。

请问这四个球中由重到轻的排列顺序是什么？

（1）D、B、A、C

（2）D、B、C、A

（3）B、C、D、A

（4）B、A、D、C

（5）B、D、A、C

26. 剩几头牛

在一个牧牛村，有一位牧牛人赶着一群牛通过 36 个关口，当他每过一个关口，守关人就要拿走当时牛数的一半，然后再退还一头牛，等牧牛人过完这些关口后他只剩 2 头牛，问原来牧牛人赶多少头牛？

27. 猜药问题

药店共有三类药，分别重 1 g、5 g、10 g，放到若干个瓶子中，现在每个瓶子中都只装一种药，且每瓶中的药片足够多，根据以上所述你能只称一次就知道各个瓶子中都是盛的哪类药吗？假如有 M 类药，你能只称一次就知道每瓶的药是什么吗？

28．推数字

1

1、1

2、1

1、2、1、1

1、1、1、2、2、1

根据上面的数字排列规律，你能写出下一行是什么吗？

29．十年

曾经有两首歌名是关于年份的，一首是《十年》，另一首是《3650夜》，那么，请问十年可能有多少天？

30．答试题

在一次老师上课的时候，全班*100*名同学回答五道试题，有*81*位同学答对第一题，*91*位同学答对第二题，*85*位同学答对第三题，*79*位同学答对第四题，*74*位同学答对第五题，答对*3*道题或*3*道题以上的学生及格，那么请问：在这*100*名学生中，至少有多少名同学及格。

31. 硬币的数量

如果在一张桌子上放了 m 个相同的圆形硬币，这些硬币中可能有彼此重叠的，也有伸出桌面的。当再放入一枚相同的硬币时，让它的圆心在桌内，它必定会和原先的某些硬币重叠，那么请问，多少个硬币可以完全覆盖整个桌面？

32. 运水赚钱

有人想买水到干旱的地方赚钱，他现在一共有 240 kg 水，但是他每次最多能携带 60 kg，在运输的过程中，每前进一公里须耗水 1 kg，并且耗水均匀。

如果在出发点水的价格为 0，以后与运输路程成正比即在 10 km 处为 10 元 /kg，在 20 km 处为 20 元 /kg），如果他必须安全返回，请问他最多可赚多少钱？

33. 挑砖

有 26 块砖，小明与小强两人拿去挑，小明抢在前，刚摆好姿势，小强赶到了。小强看到小明挑得太多，就从小明那里抢过了一半，小明不服，又从小强那里抢回一半，小强不肯，小明只好给小强 5 块，此时小强比小明多挑 2 块，问最初小明准备挑多少块？

34. 小李的生日

刘明和柴强都是小李的好朋友，两人预感应该快到小李的生日了，可是都不知道小李的生日具体是哪天。他们俩把可能的日期列了出来，小李的生日就在下列 10 组日期中的某一天：

3月4日　3月5日　3月8日　6月4日　6月7日　9月1日
9月5日　12月1日　12月2日　12月8日

可是两人想不出是哪天，无奈只有去问小李。小李只告诉了刘明月份，把日期告诉了柴强。小李问刘明和柴强他的生日到底是哪天。

刘明说："如果我不知道的话，柴强肯定也不知道。"

柴强说："本来我也不知道，但是现在我知道了。"

刘明说："哦，那我也知道了。"

你知道小李的生日是哪一天吗？

35. 如何调换位置

八个学生坐成一排，现在老师需要调换五个学生的位置，其余三个学生位置不动，那么请问共有多少种调换方法？

36. 继承财产的孩子

从前有这样一位富裕的人，他有 30 个孩子，其中 15 个是已经死去的前妻而生，其余 15 个孩子是后来的妻子所生，这继任的妻子很想让自己所生的孩子继承财产，于是，有一天，她就对这位富人说："亲爱的丈夫啊，你现在的年纪不小了，我们应该谈谈谁将是你的继承人了，我们用游戏来选继承人好不好？也就是让我们的30个孩子排成一个圆圈，从他们中的一个数起，每数到10就让那个孩子站出去，直到最后剩下的这个孩子就是继承人！"

富人一听，点头称赞，便说："不错，这样似乎很公平，就这么办吧！"不过，当进行挑选的时候，这个富人傻眼了，他发现前14个被剔除的孩子都是前妻生的，而且下一个要被剔除的还是前妻生的，富人马上大手一挥，便说："停！现在从这个孩子倒回去数，这个富人的继任妻子没有办法只好倒数。那么请问站在第几号位置的孩子成为了继承人？

37. 密封的盒子

假设在小红家有三个密封的盒子，其中一个盒子中有2枚银币（1银币=10便士），而另一个盒子中有2枚镍币（1镍币=5便士），最后一个盒子中有1枚银币和1枚镍币。然后将这些盒子的表面分别贴上10便士、15便士和20便士，不过每个盒子的标签都是错误的。此时让小红从一个盒子中取出1枚硬币放在桌子上，当小红看到这枚硬币时，她能否说出每个盒子内装的东西呢？

38. 飞机如何加油

已知天空中有几架飞机，每一架飞机仅有一个油箱，但是飞机之间可以相互加油（注：是相互，并没有加油机），据了解，一箱油可以使一架飞机绕地球飞半圈。请问：至少需要外出飞行多少架飞机，才能使至少一架飞机绕过地球一圈回到原来起飞时的机场（注：出动飞行的飞机是在同一机场飞行，而且必须安全返回机场，不允许中途降落，中间没有飞机场）？

39．辛苦的服务员

一家刚开业的餐馆，终日门庭若市，生意非常火爆。服务员正在给餐馆里的 51 位客人上蔬菜，有豌豆、黄瓜和上海青。要黄瓜和豌豆两种菜的人比只要豌豆的人多两位，只要豌豆的人是只要上海青的人的两倍。有 25 位客人不要上海青，18 位客人不要黄瓜，13 位客人不要豌豆，6 位客人要上海青和豌豆而不要黄瓜。问：

（1）有多少客人只要上海青？

（2）有多少客人只要黄瓜？

（3）有多少客人只要豌豆？

（4）有多少客人只要其中任意两种菜？

（5）有多少客人三种菜都要？

40．生意人与白菜

有一位生意人骑一头驴要走过 1 000 公里长的大沙漠，去卖 3 000 颗白菜。已知驴一次性可驮 1 000 颗大白菜，可是每走一公里又要吃掉一颗白菜。请问这位生意人共可卖出多少颗大白菜？

41．牛与草

在一个草原牧场上，已知养牛 26 头，能用 6 天的时间把草吃完；养牛 21 头，能用 9 天的时间把草吃完。请问在牧场上的草一直生长的情况下，假如养 21 头牛，那么几天的时间能把牧场上的草吃完呢？

42．被雪埋的车

石川县属于日本海类型气候，夏多雨，冬多雪。

尤其是以白山（海拔 2702 米）为顶点的东南部，可说是日本寥寥可数的深雪地带之一。

通往白山温泉乡的道路，冬季一旦下雪，会在两侧形成高五六米的雪壁。驾车经过，仿佛走在雪洞之中。

早春。

罕见的焚风现象突至，雪壁崩塌，通行中的两辆车被埋在雪里。

驾驶员无法从雪中脱困，和车一起被埋在雪堆里，等待救援。

约一小时之后，除雪车来了，排开雪，挖出车子。

此时，A 车的年轻女性驾驶员已在车内窒息而死。车内仅有的一点空气，不够维持一个小时。

但是，另一辆 B 车，中年的男性驾驶员还生气勃勃，一直呆在车内待援。

两辆车几乎是完全相同的车型，而且在相同的状态下被埋在雪中，为什么一人缺氧窒息死亡，另一人却安然无恙？

A 车在遭遇雪崩时，立即关闭引擎，排气并未充满车内。

43．咄咄怪事

公寓里响起了枪声，管理员上去一看，门从里边锁着。当他拿钥匙开门时，又听见屋里响了一枪，子弹打在门上。管理员打开门，只见一人头部流着血伏在桌上，手里握着枪，还留下一封遗书。这显然是自杀。但当时管理员想："他死后还会再开枪吗？"你能判断这究竟是怎么回事吗？

44．究竟谁是头目

车厢里发现一伙人赌博，他们是独角龙、三眼蛇、五色狼和九尾狐。在审问他们谁是头时，他们的回答各不相同。

独角龙说："头是五色狼。"

三眼蛇说："我不是头。"

五色狼说："三眼蛇是头。"

九尾狐说："独角龙说得对。"

经过了解，这一伙人中只有一个人说的是实话，其他三人说的都是假话。

侦探问同伴："知道谁是头吗？"

同伴指着一个人说："是他。"

你知道"他"是谁吗？

45. 谁是告密者

一天，一个惯窃来到明星大厦，按下了 13 楼 H 座的门铃，没有一点动静。他俯下身，刚想用万能钥匙打开房门时，房里传来一个女人的声音："请稍候。"紧接着，她提高嗓门问了一声："谁？"一会儿门开了一条缝隙，露出了一张女人的面孔。

小偷一见，忙用力推开房门，一闪身挤进房间，用背顶着门。女人一见是个陌生的男人，惊恐地叫道："你想干什么？请出去，不然我报警了。"女人话还没有说完，小偷像饿虎扑食，紧紧扼住女人的脖子。女人拼命挣扎，不一会儿，无声无息地倒在床上。

小偷见女人昏死过去，忙大肆搜索起来。突然，房门被打开了，冲进来两名警察。小偷望着手铐呆住了，他想：从进门到现在才不到 5 分钟，窗户关着，帘子挂着，墙是厚实的，女人的喊声外面肯定听不见，是谁告的密呢？

46. 吃过柿子的男子

小憩吃柿子，蓦地一声响吊钟，千秋法隆寺。

这是正冈子规有名的俳句。法隆寺内池边即立此诗碑。

日本的古都奈良，在柿子结出红色的果实时，和远眺五重塔的风景很相似。

事实上，奈良县正是皇家柿子的原产地。

在一个秋日，法隆寺附近的一处民家里，一对同父异母的兄弟边吃柿子，边讨论继承父亲遗产的话题。但话不投机，说着说着竟打了起来。被哥哥推倒的弟弟，头部撞到了柱子，当场死亡。

哥哥心想，这下糟糕了。

半夜时，哥哥将弟弟的尸体藏在后车箱，送到弟弟位于奈良市的公寓。由于弟弟一个人住，而且位于一楼的角落，所以没被人瞧见。

接着，哥哥将尸体裸露，移至浴室，假装其弟是在沐浴时不小心踩到肥皂滑倒，后脑部碰到浴缸边缘而死。

确定没有任何疏失之后，哥哥准备返家。但这时突然想起，在弟弟死亡前几分钟，还和他一起吃柿子。

如果警方验尸，发现胃中有未消化的柿子，一定会追究原因，到时候一定会牵扯到自己。

哥哥想起这栋公寓院子里有一棵柿子树，赶紧跑到院子一看。树上正好结了柿子，于是摘了 3 个。

回到室内，将柿子皮削掉，皮留在盘子上，果实用塑料袋装妥带回家。桌子上还留下了柿子。

当然，水果刀及柿子皮均留下弟弟的指纹。

隔天，弟弟的尸体被发现。

经过法医解剖，发现死者胃里有食后数分钟未消化的柿子。

现场取证的刑警看了留在桌上的柿子一眼，当即笑道：

"被害人吃的不是这个柿子，这是犯人做的伪装。但犯人真是粗心啊。"

他立即断定这是一起伪装或意外的死亡事件。

请问，那位哥哥到底什么地方露出了马脚？

47. 化妆师与犯罪嫌疑人

一个犯罪嫌疑人畏罪潜逃，警方发出了通缉令，并在通缉令上附了他的照片，在各交通要道张贴。

犯罪嫌疑人隐藏到一个化妆师家里，用枪逼着化妆师将他的脸化妆成另外一个人的样子。化妆师眉头一皱，计上心来，就给他化了妆。

犯罪嫌疑人很满意，用一根绳子将化妆师绑在柱子上，并在他嘴里塞了一条毛巾，之后就逃之天天。

行了百来米远，迎面碰上巡警，他照常大模大样向前走，不料警察一把抓住他，说："哈！看你如何再逃得了。"

化妆师既然替犯罪嫌疑人化妆成了另一个人的样子，警察是怎么一眼识破他就是通缉犯的呢？

48. 谁在说谎

莱克尔小姐在浴室洗热水澡，浴室门窗关得严严实实。突然，她披着衣服跑出来，找到侦探说："有人撞开浴室门，企图非礼我。"

"你知道那人是谁吗？"侦探问。

"是那个一头卷发的黑小子。"莱克尔小姐肯定地回答，"我从镜子里清清楚楚看到是他，我要他赔偿精神损失。"

卷发黑人青年咆哮大叫："她想诈骗人！我根本没有去浴室！"

到底是青年耍流氓，还是小姐诈骗？侦探心里早就有了底。他是怎样想的呢？

49. 寻找凶器

初夏的中午，玛莉到二楼客厅一架大立钟旁的长沙发上午睡，被人用尖锐的凶器刺进喉部死亡。当凶手走出客厅时，被管家抓获。但搜遍凶手全身和客厅，都没有发现凶器，窗户也没有打开过的痕迹。那么凶器到底丢到哪里去了呢？

50. 从楼上掉下来

从楼顶上掉下一个人，其头盖骨骨折，但并非从楼上掉下所致，尸体上有明显的被棍棒一类硬器击打的痕迹。也就是说，死因系他杀，从楼上摔下来之前，人就已经死了。

然而，根据警方的调查，在尸体从楼顶掉下时，楼内空无一人。这就是说，已死了的人自己从楼上跳了下来。这显然是不可能的，但被害人是怎样从楼上掉下来的呢？

51. 偷钻石的人

在一家博物馆展出的一颗钻石突然不见了，正在参观的人被扣留了下来，搜查结束也没有找到钻石。破案的侦察员想到，刚才搜查厕所时，看到通气的小窗开着，一只鸽子已飞出窗外。于是，侦察员又搜查了每个人的身上，终于找出了窃贼。你猜猜，侦察员的依据是什么？

52. 凶器是单杠

某小学的保险柜被盗，警卫惨死在校园中，是被铁扳手似的沉重钝器击中头部致死的。

在推定死亡时间过后不久，一个在附近徘徊的人曾受到路过此地的警察的盘问，说不定此人便是凶手。

问题在于凶器。

接受盘问时，此人身上并没有可能用作凶器的东西，而且校园周围也未发现类似凶器的物证。那么，凶器到底是什么呢？

53. 小姐醉了后

清晨，警卫发现一位小姐倒毙在自己的寓所，据一位重要证人供词，是她的同事送该小姐回家的，因为该小姐喝醉了，不过，该同事半小时后就返回聚会了。法医的尸检报告也证实，被害者的死亡时间是这位同事离开一小时之后。但大侦探从吊灯的一根绳子上找到了重要线索，终于使得案情水落石出。你能想出凶手的作案手段吗？

54. 大富豪之死

一位亿万富豪突然失踪。两天以后，一个女佣在富豪郊外的海滨别墅之中，发现了他的尸体。

警察来到现场，发现死者死于胸部中枪。但在室内并没有发现任何凶器，而室内的保险箱则被打开，里面空无一物，因此警方将此案列为抢劫杀人案件处理。

大侦探细心探查后，感到事有蹊跷。因为在室内找不到任何其他人闯入的痕迹，在富豪床边窗口附近的桌台上，有一只烧了大半的蜡烛，蜡烛下还有一条烧焦的橡皮筋。案发当天并没有停电，这位富豪为什么不用电灯呢？

后来，侦探还在楼下靠窗的水池中发现了一支手枪，经检验正是打死这位富豪的凶器，从这些隋况看来，他似乎又是自杀，但他是用什么方法自杀的？手枪又怎能在他死后被丢出窗外呢？到底富豪是自杀还是他杀的？请你推理案情。

55. 踏雪无痕

漫天风雪的晚上。在城外的一家宅院内，一个女士被发现死在家中的床上。首先发现死者的是住在隔壁的单身画家。画家在下午 7 点左右到死者家，不料她却被人杀害了，于是用死者家中的电话报案。

经过法医的检验，证实死者的死亡时间是下午 5 点左右。

死者遇害那天，清早就开始下雪，傍晚 4 点左右才停止，积雪厚度达如厘米。令人奇怪的是，雪地上只有画家的脚印，而没有凶手的足迹。

那么雪停之后 1 小时，即在下午 5 时许，凶手施了什么诡计，才能不留痕迹地踏过茫茫雪地呢？

接办这件案子的探员，运用其超人的推断能力，迅速地侦破此案。请推理出案件的真相。

56. 被害者是占卜师

冈山车站前建了一座桃太郎的铜像。

桃太郎就是日本民间传说中有名的为民除害的小英雄。

桃太郎的原型，据说是吉备郡的一家庙宇吉备津神社所祭祀的吉备津彦命（孝灵天皇的皇子），被他击退的恶魔则是据守冈山市西方新山（总社市），从朝鲜半岛百济渡海前来的王子鬼温罗。

此外，冈山当地的特产是黄米面团。

桃太郎以此为礼，招来了家臣狗、猴、雉鸡。

1991 年在冈山市，发生了一桩杀人事件。

A 大楼的五楼 *503* 号房，一位独居的女占卜师遭到杀害。她是被刀刃刺中背部，趴在榻榻米上死亡的。

被害人的右手伸向壁龛（日本式客厅里，墙地板高出，以柱隔开之处，用以陈设花瓶等饰品）。此壁龛上有桃太郎的饰品，狗和猴立于桃太郎两侧，独缺雉鸡。

现场搜证的刑警感到不解，打开尸体的右手一看，握的正是雉鸡。

桌上散置着贺年卡，贺年卡多半是羊的图案。

看起来被害人是在看贺年卡时遭到袭击。

"但为什么被害人手中握的是雉鸡，而不是猴子或狗……？"

"嗯……也许是一种暗示，临死前想提供一点破案的线索。"

两位刑警互相对话着。

被害人是人相、手相占卜师，因为测得很准，所以生意一直不错。

不久，根据搜查的结果，找出了两位犯罪嫌疑人。

中村清二（*27* 岁，货车驾驶员）和中村妙子（*22* 岁，美容师）。

两人均为被害人亡夫的前妻之子。去年，因为父亲遗产继承的问题，与被害人闹得不太愉快。

"这两个人好像都和雉鸡没什么关系。"

年轻的刑警看了看资料，歪着头说道。

"不，只有一个人有关系，或许他就是犯罪嫌疑人。"

有经验的警官说道。

请问犯人是谁？

57. 重新"出现"

一幢豪华别墅的浴室里，发生了一件神秘的凶杀案，赤身的女郎俯倒在地上，右手食指指向浴缸。显然，被害者在洗澡时，被刀刺中背部而死亡的。

高明的杀手没有留下任何蛛丝马迹，也无线索可追寻。警方感到束手无策。

大侦探来到案发现场，稍微思考了一下，把浴室的门窗关紧，打开热水，不一会，蒸气弥漫了整个浴室，果然找到了重要的线索，你知道大侦探是怎么破案的吗？请你根据文中线索找到答案。

58. 河豚料理事件

说到下关，会让人立即联想到河豚料理。

日本关门海峡的河豚，渔获量世界第一。

一个冬日，市内小河豚专卖店来了三位客人，他们正在享用河豚料理。

突然，其中一个人感觉手脚麻痹，随后开始口齿不清。

同伴惊讶之余，立即通知老板，并打110报警。但此人在救护车送救途中因呼吸麻痹死亡。

大家当然认为是河豚中毒的缘故。

警方到现场搜证，询问厨师：

"你有河豚调理师执照吗？"

厨师拿出执照，说道：

"我的调理从来没有出过差错。一定是三位客人当中，有人下了河豚毒素（tetrodotoxin），使被害人连同芥末沾酱一起下肚。在河豚料理店吃河豚料理中毒死亡，厨师当然是第一个被怀疑的对象，所以也可能是眼红的人下的毒手吧。"

"你敢百分之百断定，你的调理不会出差错？"

"怎么会出差错。你看这个。"

厨师从调理场垃圾桶中抓出两三个切落的河豚头。

"这就是百分之百的证据。"

刑警眼前摆着事实，厨师是清白的。

请问理由何在？

59. 下错了车吗

列车就要到站了。这个站很小，停车时间很短。旅客急匆匆地下车去。突然，一位女士急叫："我的手提箱不见了。"

侦探叫她别急，看看是不是有人拿错了，女士赶紧朝四处张望，果真看到一位男士提的箱子像自己的。于是，她快步上去，抓住男士："这是你的手提箱吗？"

男士一怔，马上道歉说："对不起，我拿错了。"于是把手提箱还给女士，朝出口外走去。

侦查看到这里，立即追过去说："先生，你下错了车，快回去。"说着，不由分说就把男士拉上了车。

侦探为什么说他下错了车？

60. 掩耳盗铃

　　动物园马上就要关门了，最后一批游客正慢慢地向出口处的方向移动，忽然一声惊呼，一中年女游客的手提包被抢了，里面值钱的东西不少，而她只来得及看见窃贼奔向动物园内深处的背影。

　　大侦探正好在场，他立即通知园方和失主一起在唯一的出口处严密监视，并开始在园内搜索犯罪嫌疑人。

　　一位游客自告奋勇说他熟悉动物园中的所有通道，陪大侦探走遍了全园。

　　结果一无所获，大侦探自忖不能跟着这位"助手"乱追了，如果"助手"有可能是窃贼的同伙呢？大侦探眼睛一亮，同时有个情况吸引了他的注意力，使他发现了犯罪嫌疑人。

　　你知道窃贼在什么地方暴露了自己吗？

61. 血书之谜

　　某公寓 7 号房间的男子被杀，临死前，他用血在地板上写下了"正一"两个字。经调查，住在 18 号的山中正男和住在 6 号的山本一郎嫌疑最大。请你判断谁是真凶。

62. 同饮一杯酒

　　侦探博士在酒吧喝酒，恰好店主的弟弟来了，两人见面后，店主立刻调好一杯加了冰块的酒，准备与久未谋面的弟弟畅饮。

这对兄弟，最近为了争夺遗产问题，双方闹得不愉快。弟弟生怕哥哥会毒死他，所以拒绝了。

哥哥明白弟弟的意思，于是拿起酒杯来，喝了一大口，以证明酒里没有掺毒。

弟弟见哥哥喝了一口后没有什么异状，于是也不便拒绝他的诚意，接过酒杯，并把剩下的酒一饮而尽。

就在弟弟喝下酒没多久，忽然大叫一声，伏在桌面死了，正是中毒的迹象。

刚才，兄弟二人同样喝过这杯酒，为什么弟弟当场死亡，哥哥却安然无恙呢？侦探深觉奇怪，然而稍微思考后，立刻明白了这是怎么一回事。

到底哥哥施了什么毒计谋害弟弟呢？

63. 定时炸弹

以静冈市为据点的暴力 A 集团分子将自己公寓内所使用的旧电动计时器及炸药组合，制造成定时炸弹。他准备使炸弹在同属静冈县内、以热海市为势力范围的暴力 B 集团办公室爆炸。

黑暗中他潜入 B 集团办公室，将计时器插入电源插座，调整至午夜 2 点爆炸。

完成之后，他潜至安全地点观察。但午夜 2 点，炸弹却没爆炸。过了 15 分钟，依然毫无动静。他颇感奇怪，重返现场察看，没想到炸药却在此时爆炸。A 集团的这个手下及 B 集团均被炸得面目全非。

电动计时器并无故障，也没有停电，为什么爆炸时间延迟呢？

64. 没有加工好的故事

在酒吧间，名探查尔斯遇见一位满头金发、面孔黝黑的青年在大谈生意经："昨天我才从沙漠地带回来，洗尽一身尘垢，刮去长了几个月的络腮胡子，修剪好蓬乱的头发，美美地睡了一夜，最值得的是我的化验分析报告，证实在那片沙漠地带有一个储量丰富的金矿。假如有谁愿意对这有利可图的项目投资的话，请到 210 号房间，这儿不便细谈。"

查尔斯端详着他那古铜色的下巴，讪笑着说："你若想骗傻瓜的钱，最好还是再加工一下你的故事。"

这个青年在哪儿露出了破绽？

65. 幽灵凶手

丽子在路过白蔷薇女子大学文学系教学楼二楼森屋教授的研究室时，听到里面有争吵声。她朝房间内看去，里面有两个男人，一个是临床心理学家森屋教授，另一个是犯罪心理学家大野教授。两人在各自的领域都是权威人物，在校内又是众人皆知的竞争对手，听说眼下正在为争校长的位置钩心斗角。

"森屋先生，特意把我叫到这儿来有什么事吗？"

大野教授满脸不高兴地问森屋教授。

"啊，没有什么事。怎么，我听说内定你为校长候选人了，只是想知道一下究竟。"

森屋教授笑呵呵地问道。

"这不关你的事吧。你就是为这事把我叫来的？我说森屋先生，我外出做学术报告顶着大雪刚回来，有点儿累了，而且心脏也不大舒服，要没别的事，我告辞了。"

说着大野教授正要离去。这时的森屋教授眼睛闪动了一下。

"这也好。大野先生，你也要当心身体啊。看来你需要休息一下，还是请你躺到白白的雪上歇去吧。"

说着，森屋突然"啪"地用拳捶了一下手掌。就在这时，一个不可思议的现象发生了。刹那间，大野教授脸部痛苦地抽搐了一下，脖子激烈地向一旁摆动，一下子推开窗户纵身跳下楼去，发出惨厉的惊叫声。

丽子惊叫了一声冲进屋里赶到窗边，但忽然想起这间屋子是二楼，而且从昨天起一直下大雪，积雪厚达 30 厘米，又安心下来，大概不会伤着吧。

窗下面，大野教授四肢张开卧在雪上，情形好像不对。丽子赶到楼下战战兢兢地近前一看，大野教授脸部痉挛得吓人，已经死了。但是他身上却没有外伤。

"这是怎么回事……"

丽子对大野教授的死颇为费解。请你推理出事情的真相。

66．与小偷斗智

一个自称"潇洒的小偷"的女盗，给银座的一流珠宝店发了一封偷窃预告信。

> 这几天，我就去取"人鱼之泪"啦。我想它配我的蓝色晚礼服是再合适不过的。
>
> 潇洒的小偷

"人鱼之泪"是一对镶嵌着许多绿宝石的豪华耳环，价值数亿日元。

然而，珠宝店的老板对防范"潇洒的小偷"早已胸有成竹。请问他想的是什么对策呢？

67. 古屋幽灵

据说，在美国东部有一所在南北战争时期留下的古屋曾出现幽灵。买下这所古屋的人想将屋子整修一番，便请来了工人。工人刚刚走进前厅，突然出现一个全身冒着火焰、身高两米以上的幽灵，手持匕首，似乎要扑过来。工人吓得拔腿就跑。

事情传出去以后，有些曾经进入过这所屋子的人提供了一些线索。他们说，这所屋子已建造了几十年。据说当时的主人在屋内藏了大量的珠宝。后来主人死了，珠宝究竟藏在哪里，没有人知道。曾经进去过的人只知道，这所屋子的墙上装了许多大镜子。

不信邪的道森教授决心解开这个谜。他在漆黑的客厅里等待幽灵的出现。果然，像以前一样的幽灵手持匕首在火光中出现了。道森教授盯着幽灵细看，看到好像是一个穿着宽大衣服的高个子男人。再仔细看，道森教授明白了，他猛地抓起身边的一把椅子朝前砸去。

"叮噹噹……"只听见一阵破碎的声音，幽灵随即不见了。道森教授从屋里出来，马上与警方联系。警方包围了古屋……不久，事情便真相大白了。

你能想象出这幽灵究竟是怎么回事吗？

68. 谁偷名画

某城的博物馆里有一幅名画被人盗窃了。一星期后，4个男人被当作犯罪嫌疑人而拘捕入狱。经调查，确定盗窃名画的罪犯肯定是他们中的一个。在审讯中，这4个人的口供如下所示。

甲：名画不是我偷的，我从来就没偷过东西。

乙：作案的是丙。有一天下午，我看见他向一个中年男人兜售一幅画。

丙：丁是盗窃这幅画的犯罪嫌疑人，我敢肯定。

丁：我不是罪犯。丙同我有私仇，所以故意诬陷我。

现在假定：

（1）如果这4个人中，只有一个人说假话，那么盗窃名画的犯罪嫌疑人是他们中的谁？为什么？

（2）如果这4个人中，只有一个人说的是真话，那么罪犯又是谁？为什么？

69. 破绽何在

严冬时节，某村发生一起命案，那天从早上到晚上8点多钟一直下雪，积雪有10多厘米厚。次日，办案人员询问嫌疑最大的李山："你昨晚都干了些什么？谁人证明？"李山说："昨晚，我先看电视，然后烧水、洗脸、洗脚、睡觉，我是一个人住，没人证明。"办案人顺着他指的住处一看，马上明白了他在撒谎。你知道李山的破绽在哪儿吗？

70. 拐卖少年的犯罪嫌疑人

侦探对列车员说，有一个拐卖少年的团伙上了火车，叫他加紧盘查。在车厢的一角，有一个孩子和一个妇人打扮的人在一起。列车员走过去对妇人说："他是你的孩子吗？"妇人回答："是。"孩子点点头。列车员又问小孩："她是你的母亲吗？"小孩摇摇头。

于是，列车员怀疑这妇人是拐卖少年的犯罪嫌疑人。侦探走到妇人跟前一看，否定了列车员的看法。

侦探看出这妇人是谁呢？

71．名画被盗

大富翁大河厘，在日本算是屈指可数的美术品收藏家，可以说他一生的最大乐趣也在于此。他甚至还在家里建起了收藏美术品的美术馆，并雇请了保安人员守护自己住宅的内外，以防止美术品被盗。

尽管如此，大河厘还是收到了这样一封信。

您美术馆珍藏的毕加索的名画，被我用赝品替换了。如若不信请去看看。

恶魔滑师

大河厘急忙赶到美术馆一看，那件毕加索的名画果真被赝品替换了。去问保安人员，他们说既没有发现可疑人物，也没有人拿画外出。大河厘一气之下，让保安人员将赝品从墙上取下销毁了。窃贼也一直没有捉到。

那么，窃贼是如何将名画偷出去的呢？

72．惨剧即将发生

这一天天气晴朗，风和日丽，东方列车飞快向前行驶。司机阿 A 全神贯注地看着前方。突然，他发现有一辆列车迎面而来，一场撞车事故即将发生。

大侦探卜克此刻也在车头的驾驶室，他目睹着前方的列车。正在司机惊慌失措之时，卜克果断地说："没关系。这只是虚惊一场。"

卜克是根据什么做出这样的判断呢？

73．绝妙的保险箱密码

一位上了年纪的富翁遗孀，因为丈夫早死，只留下她孤苦伶仃地和一对鹦鹉守着宅院过日子。这位富翁遗孀记忆力奇差，有时连保险箱的密码也忘得一干二净。

为了避免这种情况再次发生，她想出了一个绝妙的记忆保险箱密码的方法。不久，富翁遗孀就寿终正寝了。在她的遗嘱上写明，要把这个保险箱的继承权转赠给她的远房侄女。

侄女欣喜若狂，然而不幸的是，她却不知道保险箱密码。尽管她找遍豪宅的每个角落，始终都找不到。

侄女准备放弃找寻的念头，突然有所发现，于是轻而易举地解决了这一难题。

侄女对富翁遗孀所创新的记忆法，不禁暗自叫好。

究竟这位遗孀的记忆方法是怎样的呢？

74．电话谋杀案

秘密情报员008回国之前，接到在K大使馆工作的特尔少校打来的电话。

"哈里斯先生出事了。在5分钟前，我和他通话时，突然听到了他痛苦的哀鸣声和摔倒的声音，还听到两声'噗噗'的声音，一定是被装有消音器的手枪射杀了。"

"哈里斯在哪里打的电话？"

"在酒店他的房间里，他正在喝酒，还能清楚地听见玻璃杯中的冰块声。"

"好吧，我到现场看看情况，请你在房间等我。"

006哈里斯，接替今晚将要回国的008。前天入境后，住在S酒店。他是情报部首屈一指的人物。在第二次世界大战中被德国占领下的巴黎秘密警察逮捕，受到严刑拷问，右耳失灵，他忍受着痛苦巧妙地逃脱。哈里斯是个经过千锤百炼的男子汉，美中不足的是他太喜欢喝酒。

特尔少校因为好色，被妖娆的妇人追着要钱，就把大使馆的机密文件通过008传出去。

008昨天把他引见给006。

到了S酒店一看，已经有警察在调查了：哈里斯背上中了两颗子弹，倒在桌子旁边的地板上，左手前面躺着玻璃杯，威士忌已洒在地毯上。

"他是一边喝着威士忌，一边打电话时被枪杀的。玻璃杯上有被害者左手的指纹，话筒上有右手的指纹。大概凶手这时候是作为一个客人在这个房间里，一定是在被害者接电话时向他背后开了枪。"

搜查后，警察做了以上说明。

008出了酒店，径自向特尔少校家走去。

"怎么样？"

特尔很担心地问。

"不用向我打听，你完全清楚，杀死他的人是你。"

请问你，008是怎样看穿特尔的计谋呢？

75. 谁是车祸肇事者

在一条人迹罕至的弯路上，一名酒气熏天的醉汉被撞倒路旁，刚巧巡逻警员发现伤者，并将他送往医院急救，但是，伤者一直昏迷不醒，无法录取口供，了解当时的情况。

不过，幸好现场还残存肇事者车轮的痕迹。

鉴定车轮痕迹的结果，知道车型与轮胎的厂牌，发现有两部车子嫌疑最大，一部是前车挡板内凹，另一部好像是因倒行而使车后碰损。

不过，两人都矢口否认是车祸的肇事者。

这时，警员向其中一名司机说："你以为撞了人而又没人看见，就可以一走了之吗？你做错了事就应该负责，你就是那个肇事者。"

究竟谁是肇事者呢？

76. 失而复得的古钱

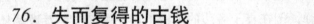

在列车上的礼品部，一位男士正在挑选古钱。他嘴里嚼着口香糖。售货员向他推销凯撒大帝时代的古钱，他看了许久，爱不释手。但是最后还是说："太贵，钱不够。"把装古钱的盒子退了回去。

售货员打开盒子，古钱不见了，追问男士，他一口咬定，是放回了盒子的。但找遍柜台、地上也不见古钱影子。

一会儿，又来了一位女士，她来选购耳环。忽然，她的纱巾掉了下来。正在女士弯腰拾起纱巾之时，躲在货柜后的罗波特小姐走了出来，拿起了纱巾，那枚古钱从里面掉了出来。

古钱是怎么跑到纱巾里去的呢？

77. 007 的疏忽

大名鼎鼎的间谍 007，一天接到总部的命令，要他即刻查清敌方代号为阿诺的间谍，并夺得其手中高度秘密的缩微胶卷。

007 查到了阿诺间谍住在帝国大厦 5509 房间，他先拨了一个电话，在确认房间内没人之后，便潜入 5509 房间，打开保险柜一看，要找的缩微胶卷不在里面，再搜遍房内其他可能放胶卷的地方，仍一无结果，正待离开时，不想阿诺间谍突然返来，措手不及的 007 拔枪向阿诺间谍开了一枪，子弹射入阿诺间谍的左胸，立时毙命。

007 上前搜查阿诺间谍的口袋，可忽然他咬了一下嘴唇，扫兴地自语道："真糟糕，这一次的失误可太大了。"

请问：007 到底做错了什么事？

78. 缘何失火

热衷于科学的莱顿把蜡烛吹熄后，掀起窗帘，刺眼的阳光射进来，照在桌上凌乱的稿纸上。

"啊。今天是星期日。我想应该要去教会一趟。"说完，就往浴室洗脸，忽然电话铃声响起，莱顿的脸尚未擦干，就飞也似地跑到桌边听电话，脸上的水珠，还断断续续往下滴。桌上有一块长 20 厘米，宽 10 厘米的玻璃板，被两本书承起了，恰似一座桥梁，而玻璃板下放置了一叠稿纸。

莱顿放下电话筒后就往教会去。一个多小时后，莱顿才走进家门。忽然，一股烤焦的味道扑鼻而来，只见书房已被大火烧掉了，幸好及时发现将火扑灭了。

事后莱顿深觉奇怪，为何书房会无故燃烧起来呢？于是一面仔细观察，想找出引起火灾的蛛丝马迹，结果失望了。最后，清理现场后，带着无奈的心情去浴室洗净脸上的污秽，突然脑里灵光一闪，明白为何书房会无故起火了。

那么莱顿对于失火原因有什么结论呢？

79. 逃出恶魔城

被困在恶魔城中的秋子总算一一解决了迷路难题，从恶魔城逃脱。然而，恶魔城地处荒无人烟的深山僻壤，所以还是迷了路。当然秋子既没有地图、指南针，也没带望远镜，更没有路标。而且天空阴霾，根本无法判断太阳的位置。她只记得朝南的方位有人家，所以只要搞清哪边是南就好办了，如果不抓紧时间，午后似乎有雨。喜欢登山运动的秋子最后靠某种方法弄清了方向。那么，究竟是什么方法呢？

80. 凶手是如何作案的

贝尔伯爵夫人，因车祸使右手骨折断。于是到村里的别墅静养。但是星期五那天，她却被人谋杀了。据说那时她正在院子里看书，有人从她身后，用一条细长的绳子缠住她的脖子，把她勒死的，凶器到处也找不着，显然凶手将凶器一并带走了。

现场环境，地上泥泞湿滑。伯爵夫人所坐的那张椅子，离开平台差不多有五六尺距离，若凶手杀人时，必须接近伯爵夫人身后，才能勒她的脖子，按常理应该留有凶手的足印，实在令人奇怪。

那么，凶手是用何种方法，不用接近伯爵夫人而能够用绳子一类的东西，将她勒死呢？

81. 凶器在哪里？

威尔斯王子对他的随从霍克拉十分信任，在这次旅途中，竟允许他同住一室。室内有一个大冰柜，霍克拉热心地为主人制作各种冷饮。

这天夜里，怪事发生了。王子被人用刀刺中心脏而身亡。侦探盘问霍克拉，霍克拉一口咬定，凶手是破门而入的外人。但是，没有发现任何外人的痕迹。侦探转而怀疑这位随从，却找不出凶器。侦探望着冰柜，顿时恍然大悟。对霍克拉说："别装傻了。是你杀了王子。"

那么，凶器到底在哪里呢？

82. 上午还是晚上

在一个人被害的现场，呈现搏斗的迹象，灯、花瓶、钟、电话散落在地上，摔坏的挂钟上显示的日期、时间是5月3日10点30分，你能知道凶案是在上午还是在晚上发生的吗？

83. 亲兄杀妹

床子和美奈子同住一个宿舍，虽然她们不在同一个公司工作，但平时俩人很要好。

美奈子有个大她3岁的哥哥，叫良雄，常来美奈子的宿舍。他好像是冲着床子来的，他喜欢床子。但美奈子知道床子已有了男朋友，便告诉良雄，劝他死心，而良雄执意不肯罢休，所以俩人常常发生口角。

就在一天晚上，床子回到宿舍，见美奈子胸部被刺已经奄奄一息了。

床子慌忙抱起美奈子，只听她嘴里嘟嚷着："真没想到……哥哥……杀了我……"然后便断气了。

纵然有什么，也不会杀亲妹妹吧……床子不相信良雄会是凶手。那么真相是怎样的呢？

84. 逃犯心理

一名逃犯在警察的追踪下，跑进地铁电梯里。警察赶到时，只见电梯楼层指示灯 2、4、6 亮着，这 3 层又分别和 3 条地铁线相连。请你分析一下，逃犯最有可能是在哪层下电梯乘地铁逃跑，为什么？

85. 是牛还是马

有一天晚上，盗牛贼出现了，但不巧的很，却让牧场主人给发现行踪，盗牛贼见形迹败露，只得落荒而逃。牧场主人骑快马追赶，没想到小偷跑得比他还快，不一会，就消失在茫茫黑夜里。牧场主人下马一看，地上尽是牛蹄印。

"岂有此理，这个小偷原来是骑牛来的，难怪找不到人的脚印。啊！不对啊，他若真是骑牛来的，那我怎么会追不上呢？"

牧场主人百思不解，第二天就去请私家侦探克莱调查。

克莱循牛蹄印前行，不久折回道："小偷是骑马逃走的。"克莱见牧场主人欲言又止，明白他心中的疑惑，于是继续道："地上虽是牛蹄印，那是因为在马脚上装上了牛蹄的缘故。"

"你又没逮到窃贼，怎知道是马呢？"

名侦探克莱随即在口袋里，拿出一包东西，然后打开给牧场主人看，只见他看后捧腹大笑，又不断点头，表示克莱的判断十分正确。

这个纸包里，究竟是什么东西呢？

86. 解开疑团

某公司高级职员松木清春在深山别墅的书房中死去。死因系喝了掺有毒物的葡萄酒所致。死亡推定时间是两天前。

其桌子上放着一台常用的便携式电脑，画面上留下的文字内容是一份"遗书"。从键盘上没有找出他人的指纹。

以下是勘察现场的两名刑警的对话。

刑警 A："嗯……陷于困境的松木在电脑上写下的遗书，是否可以说是有意识地服毒自杀呢？"

刑警 B："奇怪，死亡不是两天前吗？要是这样的话，至少这份遗书不是松木自己打的。"

87. "610—105"

警犬巴比立了一功，一个犯罪嫌疑人提着炸药刚上车，就被巴比发现了。卜克先生早就得到情报，一旦事败，将由这个犯罪嫌疑人的同伙发出救援电码，以便派别的犯罪嫌疑人继续作案。

已经知道，密电码将从这节车厢发出。但是，怎样发出，还不清楚。

罗波特小姐是个破译专家，她看到一个商人在用计算机，上面显示的数字是"601——105"，她马上看出，这就是密电码。

经审问。果然商人是犯罪嫌疑人同伙。

那么，你明白这个密电码是什么意思吗？

88. 通缉逃犯

犯罪嫌疑人抢劫以后为了躲避警察追截，必须连续越过三条河。每座桥对面不远处有岔道，可以往前、往左、往右走。

天网恢恢，疏而不漏，警察成功地捉回了犯罪嫌疑人，审讯了解犯罪嫌疑人逃跑的方向。他们得到这样的回答："过第一座桥后向右走，过第二座桥后向右走，过第三座桥后向左走。"

已知三个口供有两个是假的，而且犯罪嫌疑人三次过桥后的逃跑方向是不相同的。那么，犯罪嫌疑人的逃跑路线是怎样的呢？

89. 左右难分

一名抢劫犯在镜子商店行凶。老板提供线索说："我正跟顾客交谈生意时，猛一抬头，从左边墙上的镜子中，看见罪犯左手持刀，他是个左撇子。"另一个顾客说："根据常识，镜子里看见的字是反的，所以，罪犯不是左撇子，而是右手持刀。"那到底罪犯是左手还是右手持刀？

90. 珍珠项链

女招待小百合在公寓被杀，其头脑后部有被钝器击中的痕迹。她俯卧在屋子中央，手里抓着一条珍珠项链。

小百合是个财迷心窍的人，听说她常借钱给同事，然后收取高额利息，干着放高利贷的营生。对不能按时还钱的人，竟索取服饰品、礼服等作为抵押，所以人人都痛恨她。就连她死时手里攥着的项链，也是从她借贷的同事绿子那儿索要来的。

奇怪的是，窗户都上着锁，门也从里面挂着门链，就是说小百合在密室中被杀。这样一来，项链的主人绿子也就成了犯罪嫌疑人。可绿子却一直不承认，你知道真相吗？

91. 盲人的枪法

1882 年秋季的一天，贝多芬收到双目失明的好友哈莱曼的请柬，去他家里作客。当晚，吃罢饭，贝多芬便给好友弹起了钢琴。

忽然，二楼房间里"咣啷"响了一声。哈莱曼忙从抽屉里取出防身手枪："快，楼上有小偷！"他蹑手蹑脚上楼梯，贝多芬拿着搅拌火炉的铁钩紧跟了上去。来到二楼，哈莱曼轻轻把门推开，走了进去。房内静得出奇，黑得伸手不见五指，小偷在不在屋里呢？贝多芬思索着。突然，好友哈莱曼开了一枪，"嗵"一声，一个人倒在地上，仆人举着蜡烛追来一看，只见大座钟台前躺着一个人，贝多芬看着靠在墙边的好友敬佩极了。

你知道这位盲人是怎样判断出小偷在那个位置的？

92. 弹无虚发

山本听见门铃响，便去开门，门还没开，一声枪响，山本头部中弹倒地而亡。你知道凶手是如何瞄准的吗？

93. 找真凶

原来是罗马的一位历史教师，后来成为敌国的间谍，他不幸被一次反间谍行动暗杀了。在垂死之际，他用粉笔在床头留下了"｜｜｜｜"的记号，为此，警方调查了 3 名犯罪嫌疑人。

首先调查 3 号的当铺老板，他却辩解："若指明是我的话，不是多画了一条线吗？" 4 号的钟表店职员则辩解："若是指我的话，还不如写 4 或 IV 来得快呀。" 5 号的店家也说："若是指我的话，在他断气之前，倒不如写 V 来得快些。"

每个人都否认自己有嫌疑，那么，这 3 人之中，何者是真正凶手呢？

聪明的你也细想想吧？

94. 哪一个理发师手艺高

这是列车上唯一的一间理发所，里面只有两个理发员，一位女的，一位男的。

这次旅行时间很长，旅客们都得理发，所以理发师特别忙。

乘客甲问乘客乙："你说哪一位理发师手艺高明呢？"

"你看一看就清楚了。"乘客乙回答。

原来，女理发员的头发又齐又美，而那位男理发师的头发又乱又糟。乘客甲说："看来我还是得找我们女同胞理了。"

乘客乙赶紧否定："不，倒应该请那位男理发师理啊。"

乘客乙为什么这样说呢？

95．逃走不留足迹

一个雨后的夜晚。一位年轻的绅士被近距离的枪弹击中胸部，倒在巴黎 S 公园的草坪上死去了。作为凶器的手枪就扔在尸体的旁边。

刚刚下过雨的地面上，留有被害者的足迹，还有一双高跟鞋的印迹。从那双高跟的印迹判断，凶手是一位身材矮小的女性。

但不可思议的是，作案现场只留有那位女性来时的足迹，却没有留下她逃走时的足迹，也没有将逃走时留下的足迹抹掉的痕迹。

凶手不会乘直升飞机飞上了天，那么，她到底用的是什么方法使现场不留下足迹，又能顺利地离去？

96．喋血晚会

"哼哼……把你们都杀光！"

为了报复那些曾糟蹋、背叛自己的男人们，悦子在某日晚举办了个宴会招待他们。桌上摆着罐装啤酒及可乐，大家各自选择自己喜欢的饮料。当然，悦子自己也同样喝。

在这种条件下，悦子终于成功地将除自己以外的所有人都毒死了。

"实际上，所有饮料的瓶口处都涂了毒。"被警方抓获后，悦子交待说。那么为什么只有悦子生还而其他人都死了呢？

97．强词夺理

天下着雨，小毛毛在车厢门口碰到邻居麦秆儿。麦秆儿奇怪地问：

"你怎么也上车了？"

麦秆儿回忆起昨天的事来……他问小毛毛："明天你去哪儿啊？"小毛毛回答说："要是不下雨，准备乘 009 号列车出去旅游。"结果今天下了雨，麦秆儿认为小毛毛不会出来的。

麦秆儿想到这里，责怪小毛毛："小小年纪，说话不算数，你不是说下了雨不出来吗？"

小毛毛说："我怎么说话不算话？我没有说下雨不出来啊。"

麦秆儿气愤地说："强词夺理。"

波比听到这里，笑着对麦秆儿说："哥哥，他没有强词夺理啊。"

98. 刀上的青斑

这是一节儿童车厢，孩子们有说有笑，好热闹。可是在一个角落里，一个小孩在哭泣，为什么？原来他带的鸽子点点被人杀死了。

小侦探波比学着大人的口气，向大家宣布：请把各人的水果刀交出来。

一个叫丁丁的孩子起来抗议："我的刀是新买的，还没有用过哩。"说着，从一个精致的盒子里亮出了一把漂亮的红把刀。

波比不客气地将刀放在火上去烧，只见刀刃上出现一些青色痕迹，于是波比冲着丁丁大叫："你为什么杀死点点？"

你知道丁丁的刀为什么会出现青斑吗？

99. 利用干冰

一个跛脚老人吊死在住所的角落，隔了一天才被人发现。因为死者脚下没有踏板，警方判断为谋杀处理。

由于老人在两个月前，曾投下巨额保险，因此保险公司特请私家侦探博士，侦查这件异乎寻常的谋杀案。

博士到刑事组，看了现场纪录，发现尸体下有一个纸箱。

"他会不会以这个纸箱作为踏板呢？"

"不可能，这个纸箱是空的，而且纸质又不好，人一踏上就会塌了，又怎可作为踏板呢？"博士的判断立即被刑事组探员推翻。

博士又说："如果死者在纸箱里放了一个冰块……"

但刑事组探员又推翻这个论调，认为若放了冰块，冰块溶解后，地上会有水渍，但现场却没有一点湿印的痕迹。

最后，博士微笑着说出死者如何上吊的方法，刑事组探员也默然无语了。

100. 鞋子与色盲

某位女歌星被杀。检查现场发现有人来过，藏在两个鞋柜夹层的钱都被洗劫一空。奇怪的是，在红色柜子里排着的全是绿色的鞋，而在绿色的柜子里排着的全是红色的鞋。侦察人员认为，一定是犯罪嫌疑人在找钱后，把鞋子重新放回去时弄错了。

根据多方线索，警方将犯罪嫌疑人阿田和阿西传来审问。警察问："你们俩谁有色盲？"阿西赶忙说："阿田有严重的色盲症。"警察一听立即明白了谁是凶手，你说这是为什么？

101. 凶手的影子

推理小说家晚上写作时，被人以棒球的球棒从背后击毙。警方接到报案立即赶到现场，只见小说家书房后的窗户关着，窗帘紧闭着，在靠窗户处放着一张写字台，桌上的台灯开着，死者坐在写字台后，面朝窗户，趴在桌上。

这时，打电话报案的邻居（此人住在对面公寓）赶来向警察描述他看到的事情经过：

"当我从房间向外看时，无意间看到小说家书房的窗口有一个人影，那人高举着木棒之类的东西，我感到不妙，就立刻打电话报了案。"

但事后警方却拘捕了报警者。请你想一想，为什么？

102. 法网难逃

赌徒苏甲为了逃避还不起的借款，想了个谋杀债主的办法。一天晚上，苏甲把债主骗至家中，用绳子把他绑起来，再把他的头按进事先准备好的盛满海水的桶里淹死。为了制造人证，苏甲又去朋友家聊天。两个小时后，他把尸体运到海边投入大海，制造了失足落海的现场。死者的手表指着午夜 1 时 15 分。第二天，法医检查尸体后断定：死者是昨晚 9 点左右死的，因此不是失足落水，而是他杀。你能知道他判断的根据吗？

103. 假象的背后

有两人在下雪的夜晚作案后，逃离了现场，为了给警方制造假象，在雪地上只留下了一双脚印，问题是另一个人是如何逃离现场的，你知道吗？

104. 两个逆子

郭老太太年近八旬，两个儿子虽然有钱，却不愿赡养她。有一次郭老太太对邻居说："我有封乾隆皇帝的信，以后谁对我好，我就交给他。"不久，两个儿子听到邻居说起此事。为了得到这稀世珍宝，兄弟俩都一反常态地照顾起母亲来了。在老太太去世的当天，两个儿子打开木箱，看见那封信时，都气得直跺脚。这是怎么回事？

105. 真假遗书

文物鉴定学者倒伏在写字楼上，看上去很像是自杀。

学者的助手对警长表示说："一个小时前，我突然听到枪声，急忙跑来，见到这种情景，马上给您打电话。"

写字柜位于学者书房的中央，警长一边向写字柜走去，一边问："您动过这里的东西吗？"

"只用过电话，没动过其他的东西。"

警长检查了尸体，学者太阳穴中弹，射击距离极近，死亡时间为一小时之内。在厚厚的地毯上，教授的右前方，有一支32毫米口径的手枪。

写字柜上有一张便笺，上面有几处污迹，便笺上写着："没有玛姬我无法生活下去。"

警长注意到学者的右手，握着一支老式鹅毛笔，写字柜上的电话边有一个老式墨水台，墨池的盖开着，盖上有一行烫金的字："赠给伯嘉，永远爱您的玛姬。"

"请您去通知警方，"警长对这位助手说："这份自杀遗书是伪造的，很明显，这是一起谋杀案。"

他是根据什么得出这个结论的？

106. 死因何在

姬丝、玛莉、吉米和阿龙是好朋友，常常相约去游玩。他们都是潜水能手。这天，四人又相约去游泳，由阿龙负责装氧气筒。阿龙装了足够 3 小时用的氧气，分别派给伙伴。他们乘船出海，约好两个钟头后便在船上集合。

两个钟头后，姬丝、玛莉和阿龙先后上了船，唯独不见吉米。他们又等了一小时还不见吉米潜出海面，于是报警。警方派出蛙人在水底找到了吉米的尸体，他已经死亡多时。

吉米死亡的原因是呼吸和心脏麻痹所引起。医生检查之后，发现他竟然是因为在海中昏迷，然后才窒息。

经过调查，那个氧气筒没有毛病，筒中的氧气没有其他气体，十分纯正，但警方却拘捕了装氧气筒的阿龙。

警方是根据什么拘捕阿龙的呢？

107. 倒下的美女

山梨的南巨摩郡身延町有标高 *1148* 公尺的身延山，上有日莲宗总本堂身延山久远寺，非常有名。寺的面积达 *8* 平方公里，从三门往参道或本院的石阶两侧，种植了巨大的杉木，庄严无比。

日莲宗的信徒，从江户时代起，即祈愿一生至少到此参拜一次。至今参拜团体还是络绎不绝。

以下事件就是在身延山发生的捕物帐。

"头儿，不……不……不得了啦！"

跨过路上的野猫，如炮弹般飞滚而来的是捕快八九郎。

江户一带首屈一指的名侦探钱无平次捕头在门口晒太阳，悠闲地吸着烟。

"头儿，别悠哉了！三河町有一位年轻姑娘死了。"

"好呀！所谓姑娘，从来都是年轻的。嗯！那姑娘是被杀死的吗？"

"不！她是走着走着跌倒的，倒在稻荷先生的地产里面。自身番（警备所）的伯伯发现了，立刻请医生前来诊治，但为时已晚。"

在八九郎带领下，平次捕头立刻赶往三河町的自身番。

所谓自身番，大概就是现在的派出所。

姑娘的尸体躺在自身番房内的地板上。这女孩年约二十一、二岁，是位清秀佳人，一身旅人打扮。

"竹林大夫，她还这么年轻，死亡原因到底是什么？"

平次询问一旁的医生。

"既无外伤，也没有饮食中毒的现象。恐怕是心脏病突然发作吧！长途旅行不堪劳累，就突然暴毙了？"

"是什么地方的姑娘？"

"看不出来呢？"

回答的是自身番的伯伯。

检查尸体身上的所有物品，颈部戴着身延山的护身符，腰带内有15两黄金。除此之外，能证明其身份的物品一样也没带。

于是，将姑娘的画像四处张贴，希望民众提供有力的线索。

事件传开之后，隔了两天，出现了两位男子。

一个是住在佐久间町的木匠幸吉。

"她一定是我妹妹阿春。我和妹妹出生于甲州（山梨县），但双亲去世之后，妹妹离家，想前来投靠住在江户的我。腰带内的15两金子是卖田的钱。好不容易到了江户，却累倒身亡，真可怜啊！"

幸吉手摸着尸体，口中念着南无妙法莲华经。

另一人是卖油的年轻人佐助。

"她是我妹妹阿雪，在甲府武家帮佣。期限一到，便回到江户。我想，15两金子一定是她的酬劳。单身旅行，好不容易踏上江户的土地，却变成这个样子，真可怜啊！南无阿弥陀佛、南无阿弥陀佛……"

佐助对着尸体合掌，眼眶中流下大粒泪珠。

钱无平次比较两人的样子，一会儿之后说道：

"不要以为死人不会说话，就想将死人的15两金子据为己有，这样太可恶了。"

于是向其中一人拷上十手（江户时代捕吏所持的铁尺，约一尺五寸之棒，近柄处有钩，用以拦挡刀锋，并打击犯人）。

请问，说谎的人是哪一个？

证据在哪里？

108. 消失的弹头

一声枪声之后，战士被人发现死在车库里，警察即到现场调查，见到战士的胸口，有一处伤痕，很像是被子弹射中而引起的，伤口有10厘米深，但是经过解剖，竟找不出子弹头，这是不可能的事，死者明明是中枪而死，为什么却找不到弹头呢？

经过探员查后，发现凶手可能是一名职业杀手，为了使自己杀人之后不留下任何线索，因而使用了一种特制的子弹，这种子弹头射进人体后是可以消失的。

朋友，你能猜到：这种特制弹头是怎样的吗？

109．死亡魔球

提到位于西宫市的甲子园球场，可以说是高中棒球的标志。此球场附近有私立K高中的棒球练习场。

K高中是夏季甲子园大会上，二度优胜的棒球名校。

在棒球练习场上，有一天早上，发现一具体育新闻记者的尸体。尸体倒在内野投手板处，其旁有两根香烟蒂及硬式棒球一个。

尸体头部破裂，流血。旁边的棒球沾有与被害者相同的血液。据此判断，死者应该是被球击中，脑震荡致死。时间在昨晚10点左右。

现场的内野运动场，从昨夜7时左右开始降雨，地面上湿漉漉的。但奇怪的是，地面只有被害者从一垒走到投手板的鞋迹。除此之外，无任何足迹留下。外野及界外，运动场长了草，所以足迹不明。

被害者正在采访有关K高中棒球队的丑闻，所以侦查方向朝着意图妨碍被害者取材为主。

搜查结果，逮捕了犯人棒球队队长。

然而，这位队长惯用的右手，从数日前即负伤，处于无法投球的状态。而且，这个运动场没有夜间照明，案发当时完全黑暗。

那么，在不靠近内野运动场的情形下，这位队长如何杀被害人？

现场搜证的刑警发现挡球的网后方隐藏的东西，立即明白犯罪嫌疑人杀人的技巧。

到底是什么技巧呢？

110. 黄昏枪声

初春乍寒的某天，时值黄昏，虽然微风轻拂，却冷气袭人。亚森罗苹正漫步街头，突然听到一声枪响，并发现不远处有一位老人慢慢倒下去，躺在地上，便一动也不动了，亚森罗苹及街道上仅有的另外两个人，先后跑到老人跟前。老人已经死了，俯卧在地上，背部中弹。

亚森罗苹向另外两个人出示了自己身份证后，严肃地说："你们之中，有一个人刚才向他开了枪，之后把枪扔掉了，不过警察会找到的，现在你们必须讲明刚才在做什么。"这两个男人都戴着手套，穿着紧身外衣，都声称自己不认识死者，都说是出来散步的。

第一位说："我叫戴利，我看见这位老人刚出门，转身要锁门，刹那间枪响了，老人应声倒下，我便立即跑来。"另一位后者说："我叫伯嘉，我也听到枪声，但不知发生了什么事，看到你们往这儿跑，我也就跟着赶来。"

钥匙还插在房门上的锁匙孔里。亚森罗苹打开房门，走进房间，并打电话将此案通知警察局。

不久，探长赶到，亚森罗苹对探长说："死者的妻子是位体弱的病人，她说她的丈夫准备去药房，每当他外出而留下她一个人在家时，她总是把房间锁上。"

"有线索吗？"探长问。

"有的，"亚罗森苹回答，并指着一个人说，"立即逮捕他。"

逮捕谁？为什么？

111．棉团疑案

某天晚上，英国某市发生一宗凶杀案，死者是一位只身独居的富婆。现场调查未发现死者身上有什么伤痕，只是她的口和鼻孔内都有一小团棉花。据分析判断，她是被人用棉花塞住口鼻窒息而死的。根据调查线索，警方逮捕了当晚曾到过死者住处的两名犯罪嫌疑人，一是医学院学生，一是棉花店的学徒，两人的身份都同棉花有关，你能分析判断棉花团是哪个人塞的吗？

112．他不关心哥哥吗

约翰的哥哥一只脚有毛病。约翰每日放学都到医院和哥哥一起回家。这一天，约翰又到医院，看护小姐说："你哥哥正在做手术。"

约翰满不在乎地说："那么，等他做完手术我再来。"

从以上这段文字里，你会觉得约翰对哥哥毫不关心吗？

113．煤气中毒谜案

警方介绍：美娜死于煤气中毒，时间是昨晚 11 点左右。她丈夫 9 点吃完饭离家上夜班，他走后门窗紧闭，没人来过。她也没有任何自杀的理由。勘察现场发现煤气开关被打开了，煤气灶橡胶管的一头是在附近的小水池里。请你想想，凶手是谁？他用什么方法使自己不在现场又达到作案目的。

114. 谁是凶手

有一个退休多年的老人伏特，无论寒暑、阴晴都坚持早晨锻炼，他是一个好打抱不平的老人。在一个寒冷的早上，他照往常一样去锻炼，后来有人发现他倒在僻静的路上死了。

经过警方调查，死者死亡的原因，是从脑后被人用硬物袭击，而那天锻炼的人很少，只有 3 个上了年纪的老人在慢跑，此外有一个中年人牵着一只狗在周围散步。

你认为这 4 人谁可能是凶手呢？他用什么凶器呢？

115. 不翼而飞的钞票

约翰叔叔常去的咖啡屋遭小偷光顾，从收银机内偷去了 200 英镑，但小偷走到距离咖啡屋十余米处的一个邮筒附近，因"形迹可疑"而被警方拘捕。

这时咖啡屋老板也来报案。这个出师不利的小偷，嫌疑越来越大了。当警方搜查他的身体时，却又找不到那 200 英镑，最后犯罪嫌疑人因证据不足而被释放了。

次日，约翰叔叔从记者莉雅那儿得到这则新闻，停顿了片刻，漫不经心地说："莉雅，如果你要取得这宗案件的独家消息，那么这一两天内，你只要守在犯罪嫌疑人家门口，谜底就会揭穿的。"

约翰说完就走了。

正如约翰叔叔所预料，过了两天，莉雅果然看到那个犯罪嫌疑人取出 200 英镑的钞票。

究竟那个小偷把钞票藏在哪儿？在他被释放后，亦没再踏足案发现场。他既然不再涉入现场，而且又没有同谋，那他如何运走钞票呢？

116. 左右手之谜

一蒙面人冲进某美容馆，对准正在为阿美理发的老板猛刺两刀，又飞快逃走，老板气绝身亡。

案发后，警方根据阿美提供的线索，抓捕了 3 个犯罪嫌疑人。因为阿美说，"凶手是左手持刀的，"而抓获的犯罪嫌疑人不是左撇子，使得警方不能轻易定案。

侦查人员只得到现场另寻线索。当他坐在理发椅上思索，看到墙上镜中的日历后便找到了答案。你知道这是怎么回事吗？

117. 找出店主

并排 5 间商店，它们的主人分别是 A 君（他不是发型师）、B 君（他不是服装师）、C 君（他不是鞋商）、D 君（他不是眼镜商）及 E 君（他不是冻肉商）。

E 君的铺子在这排商店的最后一间，C 君的邻居是眼镜店，而他与服装商交往频密。这几间铺子的老板都相处得很好。

根据上面的叙述，你能找出哪个是店铺的主人吗？

118. 炸药藏在哪儿

列车长从间谍口里得到一份紧急情报："有人企图炸毁列车，炸药放在镇山塔塔尖××处。"现在镇山塔就要到了，列车长来找侦探。

到站了，列车果然停在一座塔旁。阳光把塔影照射到车厢上，塔尖正好在车厢天窗上。侦探想塔尖怎么放炸药啊？即使放炸药又怎样炸毁列车呢？想来想去，炸药是放在车上某个地方。

侦探望着塔尖，心中一亮。终于悟出"××"两字的含义。

119. 烤牡蛎的秘密

广岛湾的冬季名产是牡蛎。广岛湾很流行模子式垂下养殖法。

在此介绍一则与牡蛎有关的事件。

一个冬天的早晨，广岛市内一栋公寓里面发现了一具年轻男性的尸体。

死者是住在一楼6号房的广岛大学畜产系学生，腹部被刀刺中身亡。

被害人是昨晚独自吃宵夜时被刺。当时右手握住两粒烤牡蛎。从丢在垃圾桶内的纸袋看起来，牡蛎是被害人从超市买回来的。他是在吃牡蛎时遭到袭击。被害人断气之前，想留下一些有关犯罪嫌疑人的线索，于是猛抓起盘中的牡蛎。

调查结果，两位住在同公寓的男子涉有重嫌。

山崎光彦（7号房，大学生）

高林正夫（5号房，男同性恋酒吧服务生）

这两人经常在深夜将音响开得很大声，被害人屡屡向他们抱怨不堪吵杂。大概因此种下杀机。

而且，案发当晚，两人的不在场证明都很薄弱。山崎表示骑机车去兜风；高林则在酒吧下班后，打柏青哥到深夜。

侦察此事件的刑警注意到被害人手抓着牡蛎，为求慎重，特别翻阅百科词典《牡蛎》一项，终于解开谜底。

那么，牡蛎暗示的是哪一位嫌疑犯？

不知道的人，请查百科词典。

120. 发黑的银簪

估衣店老板的独生女儿阿信妩媚动人，风流韵事不绝于耳。一天，她失踪了。第二天，在汤岛圣堂后面的树林里发现了她的尸体。在裸露的左侧胸部上方，一根银簪深深地刺进身体，名探银次从尸体上拔下银簪，用白纸拭去上面的血迹。银簪尖部十分锋利，闪闪发光，可作防身的短剑，柄端却熏得黑乎乎的。

"这是阿信的东西吗？"银次问估衣店老板。

"是的。是油店年轻的老板幸吉送给阿信的。"

银次叫助手把幸吉找来。幸吉是一位举止庄重的人。一靠近他，他身上就有一股硫磺的气味，再仔细一看，幸吉大概患了皮肤病，两手手指黄黄的、干巴巴的。

"真是糟心的病啊，涂了硫磺药了吧，见效吗？"银次同情地说。

"好多了，只是味太大。"幸吉像是不让人看似的，把手藏在身后。

"可是，你不是要同阿信定亲了吗？"

"是有这个打算，可阿信说推一推……"

"这么说你是憎恨阿信变了心而杀死她的？"

"这是什么话，凶手绝不是我。我不是说死人的坏话，可能阿信还有别的男人。"

"我有你杀人的证据，你快老实交代吧！"

那么，银次根据什么发现了凶手？

121. 幽灵之声

流浪汉华德，因为涉嫌杀女童而被捕。

华德有两次杀害女童的纪录，今次受害人年仅 8 岁左右。

华德被捕后，矢口否认干下这丧尽天良的勾当。因为找不到证据，警方颇为伤透脑筋。45 岁的沙展，却有一套让凶手不打自招的独特方法。

沙展把华德带到警署的天台，以闲聊方法套取口供。

"华德，这些日子来，你晚上睡得好吗？有否梦见被你杀害的女童？"

"请你别开玩笑了。"这时有个细微的声音说道："叔叔，你干什么呀？……不要……不要……"

华德本能地看看四周，但只有他和沙展二人，这种声音不断地围绕着他，令他惊骇不已，但坐在对面的沙展又没有说话，怎么会这样。

最后，他抵受不住良心的谴责，终于招供了。

女童的悲鸣惨号迫使华德认罪，那真是死去的女童的声音吗？

声音到底是怎样产生的？

122. 荷兰药水之谜

东京自从以江户为名开始，就是世界一大都市。以江户 880 町为舞台的推理小说称作"捕物帐"（捕吏记事册）。

现在，我们就将时光倒流至江户时代，一个捕物帐的世界。

有个春天的傍晚，江户著名的侦探钱无平次捕头正在町内的自身番（江户时代在街上设置的关卡、哨所，亦即现在的派出所）休息，突然见到住在后街的拉车夫太吉跑了过来。

"钱无捕头大人，不得了。我太太……被……杀死了……"

"在哪里？"

"刚刚我到梅轩医师处拿药，回到家，发现我老婆的颈部被勒死亡。"

"梅轩医师？就是那位本石町有名的荷兰医生吧？"

"对。我太太罹患肺结核，长年卧病在床。但由于家境贫穷，看不起医生，所以只好一直拖下去。前几天很幸运中了彩票30两，今天立刻请梅轩医师诊察。医生要我们先回家，过一会儿再去取药。因此，我隔了一阵子，才独自前往取药。没想到妻子就在这时候被杀了。"

钱无捕头边听太吉说明，边赶往太吉家。

一看之下，太吉的妻子阿信盖着棉被，躺在床上，颈部被毛巾勒住。枕头边放着有白色粉末状的沉淀物。

平次将瓶子拿在手上摇晃，白色沉淀物立刻变成混浊的透明液体，看起来像是洗米水般的白色混浊物。

这是来自荷兰的高价药水。如果不是中了彩票，这种药可不是一般住在大杂院的贫穷人家买得起的。

"你什么时候去拿药水？"

平日问太吉。

"两个钟头前。"

"你刚刚说，你才回来不久？"

"嗯……"

"奇怪？去本石町的梅轩医师处，来回只要30分钟就足足有余了？"

在平次的追问下，太吉低头说道：

"老实说，我在取药途中，遇见一个昔日的好友，跟他说着说着，竟忘了得赶快拿药回去给妻子。等我赶回家时，发现妻子已经被杀死了。要是我马上回家的话，妻子大概就不会被杀。我对不起阿信……"

好不容易花了一大笔钱买回的药水，她竟一滴也没喝……"

太吉流下眼泪。

平次将白浊药瓶摆回旁边的盘子上，吩咐太吉在检验人员尚未到达之前，不要动药水。然后，他外出向附近的居民询问，案发时刻有没有见到可疑人物进出太吉家。

一小时后，平次再度返回太吉家。太吉依然坐在妻子的遗体旁。平次突然看了看枕边的药水瓶。瓶内还是白浊状态。

"太吉，你有没有动过药瓶？"

"没有。依照您的吩咐，不敢碰它。"

"呃……这么说来，下毒手的就是你了。你因为不甘心将彩票奖金三十两给妻子当医药费，于是将妻子杀死。你从梅轩医师处取药后回家，杀死妻子，再从后门溜出去，在街上晃了半小时以上，然后假装发现妻子的尸体，跑到派出所报案。但你在杀死妻子之后，药瓶就一直摆在枕头边，露出了马脚。"

平次立刻下了断言。

请问，钱无平次捕头为什么只看了药水瓶一眼，立即识破太吉的罪行呢？

123. 凶器在哪里

这是个冬春之交的早晨，早苗正要敲男友阿勇的房门，突然从屋里窜出个男的跑了出去。早苗往屋里一看，见阿勇手捂着胸卧在血泊中，不禁大声惊叫起来。

赶巧正在这时一队巡逻的警察追踪并逮捕了逃跑的男子，然而，此人并未携带类似凶器的东西，搜索了阿勇的房间及附近一带依然没有找到。阿勇是在洗澡后出浴室时受到袭击被刺中心脏的。

那么，凶器到底跑到哪儿去了呢？

124. 熄灭的蜡烛

某日，早晨9点左右，文莱到海边散步，突然看见一艘小船倾斜在沙滩上，此时正好是退潮时候，文莱觉得奇怪，于是走近前去察看；又在船外大声叫喊，但没有回应。

于是，好奇心驱使文莱走上船去，来到船舱中，探首往其中一间房内看看，赫然发现一位船长，胸前插一把短剑，倒在血泊中，看样子是被刺死的。

船长手中紧握着一份海图，在他的床头上，还竖着一根已熄灭的蜡烛，蜡烛的上端呈水平状态，相信是船长在看海图时被杀害的，凶手杀人后，就吹熄蜡烛，才逃去的。

据警方调查得知，这艘船大约是昨天中午停泊在此处，船舱里在白天也非常黑暗，需要点燃蜡烛的，所以船长被害的时间，并不一定是晚上，那么船长是何时遇害的？

"船长被害的时间，是在昨晚9点左右。"文莱用充满自信的语调说。

你说文莱根据什么而做如此大胆的判断？

125. 蚂蚁线索

在医院的一个单人病房里，有一住院的男子被人用刀杀死，凶器在窗外的地上被发现，刀把和刀的周围爬满了蚂蚁。经过调查，凶案为住院的病人所为，有三个犯罪嫌疑人，分别是肠胃炎患者、糖尿病患者和肾脏病患者。你能判断出是哪个人干的并说出道理来吗？

126. 溶洞奇案

在一个长满钟乳石、气温只有零下 6 度的地下溶洞里，管理员发现有一少女被人谋杀，死因是脖子被戳，气管、动脉断裂而流血过多。经搜查和验证指纹，在洞内抓获到唯一可能作案的男子，但他矢口否认，警方因尚未找到杀人的凶器，无法逮捕他。请问凶器是什么？

127. 香烟的启示

布尔警长怀着沉重的心情，去找他的老朋友——一位心理学博士，倾谈一宗棘手的案件。

5 天以前，在郊外的一幢别墅内，有位漂亮太太被杀，依推断，行凶时间可能是下午 1 点半到 2 点，而……"

"对不起，警长能否给我一支香烟？"博士拿着香烟，深深吸了一口。

警长又继续道："目前，有两名犯罪嫌疑人：一个是死者的情人，另一个是推销员，可惜苦无证据，未能确定哪一位是真凶。"

博士留心听着，知道凶案现场大门外，找到一支抽了只有一二口香烟的烟蒂。

博士忽然问："这两位犯罪嫌疑人都会抽烟吗？"

警长答道："会的，而且抽的同一牌子。因此，更不能确定谁是凶手？"

博士吸下最后一口香烟后，长长呼了一口气，然后说，"距离隔开一点的，凶手就是他。"

究竟博士所说的凶手是谁？他是如何推断出来的？

128. 奇怪的足印

芭蕾舞蹈演员迪斯，在 1 份报纸上看到一则新闻："年轻银行家李察夫人的尸体，被发现在 L 公园内，距网球场大约 1 米。她是被利刀刺死的，死亡时间约为星期六晚上七八点。"

凶案现场，由于早上下过雨，地面潮湿，死者和凶手的高跟鞋足迹非常明显，但奇怪的是，两行足迹不是并行的，除被害者的足迹外，另一行却是离开现场的足迹。

警方已将可疑的犯罪嫌疑人逮捕，其中一名是前芭蕾舞蹈团的舞蹈教师，名为杜芙。而在死者卧房的备忘录中，也发现上面记着：下午 8 点和杜芙小姐在网球场会面。

那么杜芙是用什么方法，使凶杀现场的足迹消失呢？

芭蕾舞蹈家迪斯，好像对这一件杀人事件已不感兴趣，于是又开始练习他的芭蕾舞，可忽然他仰天大笑，然后说："哈哈。我明白了，真是一条巧妙的杀人诡计啊。"

究竟迪斯所想的推理到底是什么呢？

129. 两个犯罪嫌疑人

深夜，犯罪嫌疑人潜入医院的药房，从柜子里倒走了半瓶海洛因。经侦查，找出两名犯罪嫌疑人："一是刚来不久的实习医生，一是住院几天的吸毒农民。请你分析一下，到底是谁干的呢？"

130．火红的大丽花

圣玛利亚的德理村，住着一位单身的会计师。在一个清晨，有人发现这位单身汉，竟被人开枪射杀了。

死者身上血淋淋的，但是手里却紧握着一朵火红的大丽花。这朵大丽花到底隐含着什么呢？警方为此亦大伤脑筋。

在警方全力调查下，死者被害的理由不外三个。

（1）与同父异母的姐姐争夺遗产继承权。

（2）见挚友逃税，因而向有关部门告密。

（3）与邻居发生冲突。

看见这三项理由的玛黛小姐，立即打电话给警察说："警察先生，这么简单的案子你们也破不了吗？你们为什么不翻翻百科全书，或是有关花的参考书呢？只要找到大丽花，真相立即大白。

那么这位玛黛小姐，究竟如何推断出来的呢？

131．凶手的名字

大厦管理员检查房间时，发现一具死了多日的女尸，室内臭气难闻，他赶紧打开窗户通气，忽然发现玻璃上有用手指画的4个字，这是凶手的名字。经报案后，警方赶来看见窗上有"山和村茂"字样，但查遍档案却无此人。一位经验丰富的刑警接着办案，复查现场时，终于发现了凶手的真名。你知道他有什么根据吗？

132．凶器是笛子

说到德岛，盂兰盆会的阿波舞相当有名。

台下观众随着台上舞者一起舞蹈，即兴拍手，持续狂热地舞蹈。

这是阿波的藩祖在德岛筑城时，为了缓和城下的喧哗，便邀请他们一起饮酒作乐，所留传下来的舞蹈。

以下是一则有关阿波舞捕物帐的怪事件。

盂兰盆会之后的夏日早晨。

"头儿，不得了。不得了了。"

跨过庭院通路上的隔板，像子弹一样飞进来的是太吉捕快。

城下町德岛银次捕头正在庭院内的牵牛花前浇水。

"一大早，是什么事这么不得了？"

"头儿，你看看这个。"

太事拿出了一张纸。

纸上以不工整的字迹写道：

今晚阿波舞彩排

将成为你的死亡之舞

这是预告杀人的信。

"是写给谁的？"

"阿波舞老师小春姑娘。好像是今天清早投进她家的……"

小春老师是城内的才女，精通舞蹈及三弦，而且有不与男性发生瓜葛的好名声。

"那么，就请小春今晚不要上台表演，静静地待在家中。"

"可是，她好像要去耶。一年一度的阿波舞，如果不出场，不是砸了招牌吗？"

"砸招牌总比死好。"

"就是这个缘故，小春才特地请我来拜托头儿的啊？"

"你拿了多少？"

"嘿嘿嘿……一文钱而已。头儿，我们平分吧？"

"才不要和你这小气鬼平分呢。"

银次捕头可不贪那点钱。

当天晚上，城内空地开始热闹地跳起阿波舞。

小春一点也没有惧怕的样子，身着浴衣（和服），随着带领的孩子们，愉快地舞蹈着。小孩子当中应该不会有杀手吧？

银次也夹杂在舞蹈群中，不敢大意，他的目光朝四周张望。

在中央的木架舞台上，太吉得意地敲着大鼓。他也从高处守备着。

木架上有三弦、笛、鼓等伴奏的乐器。吹笛的是布料行的小开。他喜欢此种技艺更甚于做生意。

当舞蹈达到最高潮时，小春突然倒下，连叫都来不及叫一声。

"老师，怎么了？振作点！"

银次立刻跑向前。凶器原来是一支长约 3 寸（9 公分），如针一般的细小毒箭。

她的周围都是小孩，犯罪嫌疑人一定从远距离发射这支剧毒的细针。太吉立即敲打信号鼓声。会场四周的手下们拉起警戒线，对现场众人一一搜身。

但却没发现任何人持有能发射毒箭的道具。由于毒针体积非常细小，所以不可能用手掷。必定有人携带道具，乘机向小春下毒手。

"犯罪嫌疑人大概趁着现场忙乱时逃走了。"

太吉沮丧地说。

"怎么逃得走？你看，就在那里。"

银次立即指着犯罪嫌疑人。

请问，谁是犯罪嫌疑人？

133. 秘道的机关

梵高 16 岁的时候，在海牙的一家古比鲁美术公司工作。有一天，他送一幅画到罗先生家去。来到罗先生的寓所，他惊讶地发现大门是开着的，就在他走进大厅时，突然听到由寝室传来的阵阵痛苦呻吟声，他进室内一看，不由大吃一惊，原来有一个警员负伤倒在地上。看到这幕景象，梵高不知所措。负伤的警员，忍痛发出微弱的声音："秘……密地道……逃走……了。"说着右手指向床底，梵高发现有一块板子，大概人是从这儿逃走的吧。

"掀……板开……关……米……勒……"说完，该警员就断气了。梵高走到床底，想要掀开板子，但使尽力气，也是打不开。

"开关……米勒……他是否说开关设在米勒的画像后面？"于是走到钢琴旁边，将画像拿下，看看粉刷得雪白的墙壁，但找不到开关。

在他焦虑、烦躁的当时，突然灵机一动："啊哈？原来秘密就在这儿。"于是找到了地道开关。

梵高到底在哪儿找到这秘密地道机关呢？

134. 谁窃取了机密文件

在一列急速行驶的火车中，乘客很少，万主任和张工程师在审阅一份开发新产品的材料。张去了趟厕所，回来看见万主任把撒落在车厢地板上的材料一张张地拣起。万主任对张说："刚才一位坐在我对

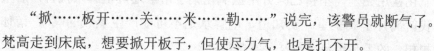

87

面的人把车窗打开，大风把材料吹得满地都是。"

他们俩拣好材料，一清点，发现核心机密部分的那页没有了。他们认为是被开窗人趁混乱之机拿走了。开窗人这时已经到站下车走了。一位乘警接到报案后，看了现场，思考了一会儿说："我知道小偷是谁。"破案证实，那个开窗人并不是作案人。你知道乘警所指的小偷是谁？

135．化学毒案之谜

有一位化学教师死在实验室，经验尸判断，他死于氯中毒。他的助手提供了情况："昨晚他想用双氧水和二氧化锰来制氧，但发现二氧化锰用完了，不得已只好用氢氧化钠水溶液通过电解来代替，后来我就离开了实验室。要知道，电解水是不可能产生氯气的啊。"请你想想，凶手是用什么方法杀害教师的？

136．没有指纹的人

私家侦探麦基，在酒吧喝酒的时候两眼不断向身旁坐着的俏丽女郎看，他觉得似乎在哪里见过她。

那位女郎两手指甲涂满了鲜红的指甲油，用白嫩的手指持着酒杯，饮完杯中的最后一滴酒后，才起身离去，忽然麦基想起她就是警方悬赏辑捕的女老千。

于是，麦基立刻把她喝的酒杯，用手帕包好，送往警署，请警方鉴定此人的指纹。

经过化验后，竟然发现酒杯上只有调酒员的指纹而已。

私家侦探麦基，确定当时的她没有戴手套，是没法将指纹抹去的。

麦基说着，猛然想到一件事。

那么指纹到哪儿去了呢？

137. 万万没想到

有一凶手，持消音手枪打死了正在办公的经理，为了制造假象，他把桌柜抽屉翻乱，又打开了手提保险箱，拿走些现金。正当他布置完现场要走时，警察冲了进来。消音手枪的枪声连隔壁的邻居都没听见，那么警方是如何知道的呢？

138. 重要线索

"铃铃铃……"警署报案室电话大响，值班警员科威接听："喂，报案室"。对方急促地说："我是燃料公司的伙计，刚才有一女顾客来买8石暖炉的白灯油，我一时大意，给了她一罐汽油，这是很危险的……会引起爆炸……"由于紧张，话也讲不清。但是科威已清楚事情的严重性。"喂，你认识那女顾客吗？"科威问。"不认识，没有什么特征。"伙计回答。

好在这地方不大，只是一个小镇，警方马上采取紧急措施，利用警车，在所有街道上广播，很快就把声音传遍小镇。但奇怪的是播了3个钟头都无反应。科威是个聪明的小伙子，他从广播声中得到启发，他说："哦。我知道这女顾客的最大特征了。"知道特征就容易找到人，请问，你知道科威是如何知道的吗？

139. 寻找真凶

著名歌星拉住在一座意大利式别墅里，有一天，歌星拉被发现死在家中，警探到现场调查，竟找不到任何凶器和指纹，但细心查看之后，隐约看到一些脚印，经过进一步调查，了解到当日只有两个女子在别墅附近出没过，其一是穿旗袍，另一个穿和服，此外就没有什么人经过了。至于她们是否有进入过别墅呢？这就没有人注意到了。纵使这么小小的线索，聪明的警探已经很快地找出谁是真凶了。

亲爱的读者，你知道谁是真凶吗？你的根据是否与警探的一样呢？

140. 牛顿数苹果

著名物理学家牛顿来到后院的果园里游玩，他碰到了一个仆人在摘果子。仆人知道牛顿又是用脑过度特地出来休息脑力的。于是他走到牛顿面前出了个非常简单的问题问牛顿。他说："这个果园的苹果是桔子数的 2 倍。我和你及另外再加 20 个人来分配，每个人都可以分到 3 个桔子，4 个苹果。桔子分完了，而苹果还剩 120 个。问果园里共有多少桔子和苹果？"

牛顿的脑子太疲劳了，他竟然一个一个去数。而仆人一下子就算出来了。

你快帮帮著名物理学家牛顿吧！

141. 高斯做数学

世界级数学家高斯是德国人，他从小就很聪明。高斯7岁那年，家里把他送上了小学。有一天数学老师布特纳先生出了一道算术题让他的学生做。题目是：$1 + 2 + 3 + 4 + 5\cdots\cdots + 99 + 100 =$？布特纳先生在黑板上刚写完题目，坐在前排的高斯马上就算出了答案，而其他同学做到下课都还没有算出来。

亲爱的读者，你知不知道答案？

142. 鲁智深翻碗

梁山泊英雄好汉花和尚鲁智深最拿手的游戏就是两只手一下翻转3个碗。有一天，他的好朋友林冲拿出4个大碗要他翻，并且问他："4个碗几次翻得完？"鲁智深想了一下，他一下只能翻转3个碗，4个碗不可能一下翻完。这下可难倒鲁智深了。

亲爱的读者，你说要几次呢？

143. 骆宾王巧算鹅重

唐代的大诗人骆宾王7岁就能写出名垂千古的妙诗。他不仅文才绝妙，而且数学天赋也很高。有一次，骆宾王过8岁生日时，他爷爷出了一道题目考他。题目是：1只鹅等于1只鸭和1只鸡的重量之和，1只鹅加上1只鸡等于1只兔子的重量，2只兔子的重量又等于3只鸭的重量。那么，1只鹅等于几只鸡的重量？

骆宾王只眨了一下眼睛就算出来了。

亲爱的读者，你有没有骆宾王那样厉害？

144．苏东坡钓鱼

北宋三大文学家苏洵、苏轼、苏辙父子三人共同郊游钓鱼。苏轼别名苏东坡。苏洵是苏轼、苏辙兄弟的父亲，他钓到的鱼是苏东坡的 3 倍，苏辙是苏东坡的 2 倍，并且只比苏洵少 1 条。于是苏洵和苏辙都问苏东坡钓了多少条鱼。

苏东坡才思敏捷，这个问题根本难不倒他的。亲爱的读者，你没有被它难倒吧？

145．岳飞妙算拔河比赛

南宋抗金名将岳飞打败了金兵多次进攻。于是奖赏三军，并且举行了一场拔河比赛。左边的参赛人员是 3 个小兵和 2 个大兵，右边参赛人员是 4 个大兵和 1 个小兵。比赛之前人们都知道 4 个大兵的力气和 5 个小兵的力气相当，但左边那 2 个大兵是孪生兄弟，力气特别大，他们的力气是 2 个小兵加 1 个大兵的力气之和。还没比赛岳飞就说出了胜败，赛后结果正是岳飞所说的。

那么岳飞到底是说哪边胜利呢？

146．唐伯虎借钱还钱

明朝有名的风流才子唐伯虎要进京赶考，他身上的银两不够，于是他就向同路的祝秀才借了 10 两银子。后来祝秀才又要花钱，就向同路的文秀才借了 20 两银子。文秀才身上没钱花了，只好向同路的丁秀才借了 30 两银子。丁秀才实在没办法了，他反过来向唐伯虎借了 40 两银子。赶完考后，他们四个人一同清账还钱。唐伯虎想了一个好办法，只要动用最少的钱就能清完账目。

那么，唐伯虎想的是什么办法呢？

147. 唐老鸭和米老鼠比赛

星期天的时候唐老鸭不知道怎么打发时间，这时它的老朋友米老鼠来找它玩。米老鼠要和唐老鸭玩百米来回赛跑，总共路程是 200 米。唐老鸭一步跑 3 米，米老鼠 3 步只能跑 2 米。米老鼠奔出一步的时候，唐老鸭已经奔出两步，比赛就按这样进行。唐老鸭坚信自己会胜利。

亲爱的读者，唐老鸭会不会胜利，算一算吧。

148. 遗产分配

清朝康熙年间有个大贪官在临终前对怀孕的妻子说："如果生的是儿子，就把遗产的 2/3 分给儿子，母亲拿 1/3；如果生的是女儿，母亲拿 2/3，女儿可得到 1/3。"但是后来他的妻子生下一男一女双胞胎。这下他妻子就为难了，这是她没有预料到的。那么遗产该怎样分呢？

你也想想吧！

149. 岳飞分兵

岳飞又招收了 54389 名勇士准备抗击金兵。他决定把这些士兵分到各大军营中去。每个军营分到的士兵是一样多，军营的个数比分到一个军营的士兵个数要少。

你知道岳飞的军队里有多少个军营，每个军营分配了多少个士兵？

150. 唐僧扫高塔

唐僧来到一座佛塔拜佛，他看到塔梯很脏，于是他便扫起塔梯来。这座佛塔共有 9 层塔梯。

塔层越往上，梯级数越上，并且是按一定的数目依次递减。到了第 9 层塔梯，梯级数为第 1 层的 1/2。唐僧已经知道 9 层塔梯共有 108 级。唐僧忘了数各层的梯级数，他只好自己算了起来。

亲爱的读者，你算出来了吗？

151. 原有多少斗酒

武松受人之托去收拾恶棍蒋门神。他要求每过一个酒店请他喝酒。武松出门带了一个酒缸，看到一个酒店，于是就把酒缸中的酒加了 1 倍，然后喝下一斗酒。他连续遇到酒店加 1 倍的情况反复了 3 次之后，酒缸里的酒喝完了。

武松是个粗人，他不知道自己酒缸原有多少酒。

你帮帮武松吧。

152. 关羽和张飞何时回来

刘备、关羽、张飞、赵云又要带兵打仗了。他们都是 1 月 1 日同时出征的，各自带着军队赴不同的战线。他们约定在下次四个人都回来的那一天聚会。刘备隔 16 个星期回来一次，关羽隔 12 个星期回来一次，张飞隔 8 个星期，赵云隔 4 个星期。

张飞想马上就知道下次聚会的准确时间。

你快告诉他吧。

153. 阿里巴巴的酒量

阿里巴巴非常喜欢喝酒，尤其喜欢喝啤酒。阿里巴巴喝 100 多瓶啤酒不会醉。有一次，阿里巴巴做成功了一笔大生意，赚了很多钱，他决定好好慰劳自己，接着他就到酒店里喝酒。阿里巴巴一口气喝了 96 瓶啤酒。这时酒店经理告诉他，6 个空酒瓶可以换 1 瓶啤酒。他非常精明，他一下就算出了他这 96 个空酒瓶能换多少瓶啤酒。

亲爱的读者，你能够算出来吗？

154. 嫦娥升天要几天

嫦娥偷偷下凡的事情，让天上的王母娘娘知道了。于是王母娘娘不准嫦娥再回到天上月宫，除非是自己爬天绳爬到天上。嫦娥住不惯人间，没办法，她只好努力地爬高达 3000 丈的天绳了。嫦娥白天视力比较好，能够向上爬 300 丈，但晚上她看不见，为了安全她只得下滑 200 丈。嫦娥有点灰心，她不知道自己什么时候才能重新爬回天上去。亲爱的读者，你帮帮嫦娥吧！

155. 张飞卖肉亏多少

张飞年轻的时候是一个卖肉的。他为人豪爽，有些时候做事不精细。有一次，有个人来他的肉铺里买肉，要买牛肉和羊肉。那个人一共买了 28 斤肉，其中牛肉是 3 两银子 1 斤，羊肉是 5 两银子 1 斤。但是结账的时候，张飞错把牛肉当成 5 两银子 1 斤了，把羊肉当成了 2 两银子 1 斤了，最后那个人一共付了 100 两银子。张飞不知道自己亏了还是赚了。

亲爱的读者，你帮帮张飞算算吧。

156. 孔子智算冠军

春秋时期，各路诸侯争霸中原，群雄逐鹿，战争时常爆发。有一个诸侯建议其他诸侯，不要打混战，一个对打一个，这样比拼才能比出霸主。其他诸侯都同意。于是这个诸侯就请教大学问家孔子，问孔子："照这样比拼下去，要比拼多少场才能决出冠军？"孔子得知总共有 24 路诸侯参加比拼，他掐指一算就得出了答案。

你也来算一算吧！

157. 阿凡提养骆驼

阿凡提养骆驼是养出了名的，他养的骆驼寿命特别长，很多人都来买他的骆驼。有一次，一个大商人也慕名来买他养的骆驼。这个大商人自以为有很多钱，瞧不起阿凡提。于是阿凡提便决定难为他一下。阿凡提告诉大商人："我目前养了 15 头大骆驼，其中有 23 个驼峰，60 只脚，请问有多少只单峰驼和双峰驼呢？

这个大商人可没有阿凡提聪明，答案最后还是阿凡提告诉他的。

158. 诸葛亮算曹兵

赤壁之战，曹操被孙权和刘备打得大败。曹操来不及收拾残兵败将，就带着他的贴身部队夺路从华容道逃走。刘备的军师诸葛亮早料到曹操会从华容道逃跑，便领兵追了上来。诸葛亮抓住了曹操的一个厨子，于是便问厨子曹操手下还有多少人。厨子不敢泄露，只得耍滑说："曹兵在昨天晚上吃了鸡、鸭、鱼总共 130 只，两个士兵吃一只鱼，3 个士兵吃一只鸡，4 个士兵吃一只鸭，这样正好够吃，谁也没挨饿。"

诸葛亮知道曹操的兵力后，大笑，下令追击。

你知道诸葛亮算出曹兵有多少吗？

159. 孙膑与庞涓的智商

战国时期，有两个年轻人共同拜大学问家鬼谷子为师，这两个年轻人叫孙膑、庞涓。有一次，鬼谷子为了测试他们两个人的智商，便出了一个题目考他们：4 个 1 组成的最大的数字是多少？"庞涓笑道："很简单，是 1111。"孙膑边大笑："不是 1111，是另外一个数。"鬼谷子笑着问孙膑是多少。孙膑说："是 1111 的 2.5 亿倍还要多的那个数。"鬼谷子笑着对庞涓说："孙膑说对了，现在你该知道了吧！"

但庞涓还坚持是 *1111*。

你算出来了没有？

160．不留脚印的凶手

在一个九月初的早晨，在海水浴的沙滩上，发现了一名年轻男子的尸体。

他是被人以刀子刺入腹部后立即死亡的。而那把刀子就掉在尸体旁边。距离死亡的时间大约已有四个小时。

但是，在那平坦而广阔的沙滩上，现场除了被害者的足迹，再也没有另外的脚印了。而且，看起来也不像是凶手用扫帚将自己的足迹扫掉以后再逃走，或是踩着被害者的脚印离开的。当然，更不可能是坐直升飞机逃走的。

那么，凶手到底是用什么方法，在将被害者杀死后，在不留下脚步的情形下离开这广阔的沙滩呢？

161．杜甫买鹅

唐代大诗人杜甫一生穷困潦倒。他住在成都草堂的时候，靠养鹅为生。杜甫赚了一点钱，又买了 *100* 只鹅，花去了 *100* 两银子。邻居来问他公鹅、母鹅及小鹅各有多少。杜甫说："公鹅是 *5* 两银子 *1* 只，母鹅是 *3* 两银子 *1* 只，小鹅是 *1* 两银子 *3* 只，你帮我算一算公鹅、母鹅及小鹅各有多少只？"

邻居为难了起来。

你知道大诗人杜甫各自买了多少只鹅呢？

162. 东施脸上的痣

古代有一个有名的丑女，名字叫东施。东施认为自己长得丑，她每天都要到河边去照镜子。有一次，她照镜子的时候，发现脸上长了许多痣，她大吃一惊，失手把镜子打碎了。东施一心想知道自己脸上到底长了多少颗痣，于是她就到河边去看看自己的倒影。河神故意把水搅浑了。东施只好问河神她脸上的痣。河神说："你脸上的痣，三颗一数，正好数完；五颗一数，余三颗；七颗一数，也余三颗。你不会这个也算不出来吧？"

东施一算，得出的结果吓得她昏倒了。

这么严重的题目，你敢不敢算？

163. 杨贵妃的浴池水

唐代大美人杨贵妃每次洗澡都要把大浴池里的水放完，然后放进新鲜的活水进大浴池。有一次，有一个女仆人得罪了杨贵妃，杨贵妃决定惩罚她。杨贵妃要女仆 1 个小时放完一半的池水。女仆做到了。杨贵妃又要女仆 20 分钟放完剩下池水的 1/2，女仆也做到了。杨贵妃又要女仆 20 分钟放完此时剩下的 1/3，女仆又做到了。杨贵妃最后又要求女仆仅用 20 分钟放完这时剩下的 1/4，这时池水还有 9 吨。杨贵妃无计可施，就问这个浴池本来有多少吨水，女仆是个聪明的人，她一下子就算出来了。杨贵妃真想跳进浴池去自尽，因为她感到无地自容了。

164. 曹操数兵器

曹操从小就喜欢舞枪弄棒，他的头脑也很机灵。有一次，他看到一些人在大路上比武，他就跑过去看。有一个人对曹操说："小孩，你看我们比武要给钱的，但是你只要看管好我们的兵器，我们就不收你的钱。"曹操答应了。他来到了堆放武器的地方，发现有一堆铁棒整齐规矩地堆放在一起。曹操数了数，铁棒堆成了一个梯形，最上层有 4 根，最下层有 8 根，总共堆了 5 层。曹操心里默默一算，就算出有多少根铁棒了。

你知道曹操算出铁棒是多少根吗？

165. 成吉思汗测试士兵

古代蒙古族的大英雄成吉思汗想征伐中原，于是他就来到阵营里测试士兵的武艺。第一次测试，成吉思汗给 70% 的士兵打了 80 分以上，第二次考试时这个比例上升到 75%，第三次是 85%，第四次则达到 90%。成吉思汗问大军副统帅，在这四次测试中都上了 80 分的学生的百分比至少是多少？

副统帅打仗是行家，但算数却不行了。

你算一算吧！

166. 骆宾王养鹅

唐代大诗人骆宾王喜欢鹅，他自己养了一些鹅。骆宾王养了 E 只

100

鹅，他计划在一天内喂它们吃 F 条蚯蚓。如果每只鹅吃了 G 条蚯蚓，就多吃了 12 条；如果每只鹅吃 16 条蚯蚓，那么就会少吃 7 条。骆宾王问他爷爷："爷爷，你算算，我养了多少只鹅，每只鹅每天吃几条蚯蚓？"

骆宾王的爷爷当然比骆宾王聪明了，他很快就说出了答案。

你算得出来吗？

167. 刘邦和项羽划分地盘

刘邦和项羽将汉中地盘画成了一个边长为 1 米的正方形模块。项羽在刘邦面前十分霸道，他拿起小刀就划去了正方形的 1/3。刘邦也不示弱，拿起小刀划去了剩下的 1/2。项羽接着又划去了剩下的 1/3。刘邦赶忙划去剩下的 1/2。他们分别划了 2 次以后，都在计算各自的面积。

请问，谁划去的面积大？

168. 李白写了多少诗

唐代著名诗人李白有一年写了 2250 首诗。他对他的好朋友杜甫说："我每隔 18 个月会在 2250 首的基础上翻 1 倍，你知道我一年半后能写多少首诗吗？"

杜甫也是唐代著名诗人，他非常了解李白的创作速度，他闭上眼睛就算出李白在一年半后写了多少诗。

你写过诗吗？那么不妨也来算算。

169. 诸葛亮考刘备

刘备三顾茅庐请出了诸葛亮。诸葛亮在下山的时候突然想考考刘备。刘备愿意回答诸葛亮的问题。于是诸葛亮左手和右手分别握着 2 两银子和 5 两银子叫刘备猜。刘备也是一个聪明的人，他让诸葛亮把左手的银两数乘以 2，右手的银两数乘以 5，并把所得的两个积加起来，只要告诉奇、偶数就行了。

诸葛亮赞赏了刘备的智慧。

你能猜出来吗？

170. 李白和杜甫比报数

著名诗人李白、杜甫、白居易又在一起喝酒吟诗了。白居易才气没有李白、杜甫两个人厉害，他不想跟他们比吟诗。于是他对李白、杜甫说："你们作诗是不相上下的，不如玩一道数学游戏吧，这样才能见输赢。"李白、杜甫说好。白居易的题目是：李白和杜甫轮流报数，每人每次只能报 1 个或 2 个数。从 1 开始，依次递增，谁先报到 30，谁就胜利。李白想胜过杜甫，他应该用什么方法呢？

171. 韩信巧算面积

西汉的开国勋臣韩信在没有当将军之前，一直没有得到重用，很多人都瞧不起他。有一个市井无赖拦住韩信要侮辱他。那个无赖拿出一个长方形木块，然后对韩信说："这个长方形的周长为 24 分米。如果它的长和宽各增加 3 分米，得到的新长方形比原长方形面积大多少平方分米？"

韩信算出来后，那个无赖甘拜下风。

172. 乾隆皇帝的卫士

清朝乾隆皇帝有 3 个密室，密室放着他的宝贝，他派了 18 个武艺高强的卫士守护。到了晚上，乾隆皇帝命令手下卫士轮流守护 3 个密室。他调出第一密室的一半人去守护第二密室，第二密室的 1/3 人去守护第三密室，天亮前，又将第三密室的 1/4 人调到第一密室，这时，3 个密室的卫士相等。

请问，晚上 3 个密室各有多少卫士守护？

173. 岳飞杀敌多少名

南宋抗金名将岳飞和金军元帅兀术对峙朱仙镇。刚开战两天，岳飞单枪匹马冲到金军大营中杀死了很多金军将领。岳飞安全回到自己军营。这时，金军元帅兀术来挑战岳飞。兀术对岳飞说："你今天杀了我多少大将？"岳飞笑着说："今天杀的比昨天的多。这两天杀的将领之和，再加上这两天所杀将领的积，所得的和是 34。你知道我今天杀了你多少大将吗？"

金军元帅兀术是个傻瓜，他算不出来。最后还是岳飞告诉了他答案。

174. 各带多少支箭

刘备、关羽、张飞 3 个人都没有打败吕布，他们觉得很没有面子。于是他们就跑到森林里打猎。他们带了数目相同的铁箭去打猎。3 个人每人打死了 2 只野雁、1 只狼和 1 只熊，而且都是一支铁箭打死一只猎物。现在 3 人剩下的箭支总数，恰好是 3 人出来时，一个人带的箭支数目。

你知道他们 3 人出发时各带了多少支箭？

175. 阿里巴巴是赚还是亏

阿里巴巴手头里有一批花布要卖出去。恰好有一个阿拉伯商人想要买一批花布，于是他们两个人就讨价还价了起来。阿里巴巴出价 500 元。但是那个阿拉伯商人觉得贵了。阿里巴巴心里暗自算了一下，便对那个商人说："要不这样吧！我剪一尺布，你付我 1 角钱；剪第二尺，你付 2 角；剪第三尺，你付我 4 角钱；剪第四尺，你付 8 角，依次类推。"那个商人觉得很合算，就答应了。阿里巴巴一共卖了 16 尺花布，你知道那个商人付了多少钱吗？

176. 高斯节省木料

大数学家高斯小时候家里很穷。有一次他家里的桌椅坏了，但是他家里请不起木匠师傅来修。于是，高斯自己找来一根长 254.5 厘米的木料来修桌椅。他算了一下，如果每修一张桌子要用 43 厘米长的木料一段，修一把椅子要用 37 厘米长的木料一段，每截一段要损耗 5 毫米。他用了一个最节省木料的方法，那就是他把这根木料锯成修桌子和椅子所必需的木料根数。

请问，高斯修桌子和椅子各锯了多少根？

177. 司马懿假装不知数

三国时期，魏国的曹爽和司马懿暗地里争权夺势，谁也不让谁。司马懿年纪很大了，于是他就在曹爽面前装疯卖傻起来。有一次，曹爽假装到司马懿家里去看望司马懿。曹爽告诉司马懿："我和你一样，也有两个儿子。"司马懿问曹爽："你小儿子多少岁了？"曹爽说："18 岁。"司马懿假装说："33 了！"接着又问："你大儿子呢？"曹爽说："24 岁了。"司马懿又假装说："44 岁！"曹爽说："我 30 岁了。"如果司马懿按前两次的说法，他会把 30 岁说成多少岁？

178. 大力水手波勃排列面包

大力水手波勃小时候喜欢吃面包。有一次，他妈妈买了一些面包回来，波勃就要抢着吃。他妈妈拦住他，说："我先考考你，你回答出来，我才让你吃。"波勃眨了眼睛答应了。他妈妈说："如果要把 10 个面包排成一排，其中每个面包隔 2 个面包可以移到第 3 个面包那里去。那么，你要怎样去排列，才能使 10 个面包分成等距离的 5 堆，而每堆有 2 个面包呢？"

这个问题问得波勃握起了拳头要打人。

你帮波勃算一算、排一排吧！

179. 祖冲之算菱形边长

数学家祖冲之成功地将圆周率推算到小数点 7 位数后，很多年轻人都慕名跟他学数学。有个年轻人自以为数学学得比祖冲之还要好，他出了一个题目来考祖冲之：有一个圆，直径为 10 米，圆里面有一个内接圆的长方形，如果依次连接长方形的四条边的中心，那么连出来的图形就是菱形，问这个菱形的边长是多少？

祖冲之闭着眼睛就把答案写在了纸上。

你不妨也试一试。

180. 数学家死于哪一年

小东东和小西西一起看一本介绍一位伟大的数学家的书。这位数学家生于 19 世纪，也死于 19 世纪。小东东他们已知他出生和去世的年份都是 4 个相同的数字组成的，但排列的位置却不同。他的出生之年，4 个数字的和为 14，他去世的那一年的年份中十位数比个位数大 4 倍。小东东和小西西算不出数学家死于哪一年。

你算出来了吗？

181. 李逵借斧头

梁山泊英雄李逵打仗的时候使用的兵器是斧头。有一次，他因为喝了太多的酒，把插在腰间的斧头都给丢了。于是他就去跟鲁智深借斧头。鲁智深打造了很多斧头，有大斧头，有小斧头。鲁智深对李逵说：

"我这里有一些大斧头和小斧头。小斧头是大斧头的2倍，假如我从这些斧头里每次取4把小斧头，再取3把大斧头，这样取下去，等大斧头取完了，小斧还有16把。你算算大小斧头各有多少把？"

李逵气得要拿斧头和鲁智深打架，因为这个问题太难了。

182. 小西西买大西瓜

小西西对小东东说："你想不想吃大西瓜？你想不想吃巧克力？"小东东笑道说："我早就买了，瞧，在这里。我买了8颗巧克力和一个大西瓜，一共用掉了15元钱，这8个巧克力的价钱都是相同的，如果2个巧克力的钱加起来，再加上10元钱，就是那个大西瓜的钱了，你知道巧克力和西瓜各多少钱？"

你知不知道？

183. 关羽和张飞赛跑

张飞老是想和关羽一较高低，于是他们又举行一场骑马比赛，赛程是从汉中骑到汉东，然后再从汉东骑到汉中。关羽从汉中到汉东的时候是顺风，所以速度是每小时20公里。关羽从汉东到汉中的时候是逆风，所以速度是每小时15公里，来的时候比去的时候少花5个小时。于是关羽问张飞："你知道从汉中到汉东一共是多少路程吗？"

张飞说："我不知道，你气死我了！"

你知不知道呢？

184. 唐老鸭发明新自行车

唐老鸭好久没有出门和它的朋友玩了，原来它是在家里搞发明创造。它的发明创造终于成功了，它发明了一种新自行车。米老鼠消息最灵通，它跑到唐老鸭家里先睹为快。唐老鸭对米老鼠说："我们用这种新自行车比赛吧！"米老鼠说："怎么比？"唐老鸭说："从我家到你家总共是 24 千米，就比这往返路程。"唐老鸭以每小时 20 千米的骑车速度，米老鼠的时速每小时 16 千米，返回的时候是 24 千米每小时。这样，谁将胜利？

你知道吗？

185. 孔子卖书

大教育家孔子写了很多书，印刷成大小两种开本。孔子的学生交不起学费，没办法，孔子最爱搞教育，他就拿着他的书去卖。糟糕的是，他写的书不好卖，实在没办法，他只好降价卖书了。有一个年纪和他一样大的人来买他的书，就问孔子："你的书怎么卖？"孔子赶忙说道："4 本大书和 3 本小书一共只要 15 元，如果买 3 本大书 4 本小书的话，只要 13 元。你算算大本书和小本书各是多少钱一本吧？"

那个人很快算了出来，并且买走了 4 本书。

186. 小东东坐火车

小东东全家外出旅游，乘坐的是一列大火车。他坐的火车的速度是每小时 45 公里。他看着窗外的风景，突然看见迎面开来一列速度为每小时 36 公里的火车。小东东看了一下，这列火车从头到尾完全开过去，只用了 8 秒钟。

请问，这列迎面而来的火车，一共是多长？

187. 小猫乐米乐折馅饼

小猫乐米乐买了一个大馅饼。这个大馅饼花了它一天的零花钱，它舍不得一下子就吃完。乐米乐在想是不是把大馅饼折起来吃会更加好吃呢。于是它就折了起来。它想把馅饼折成相等的两半，可是第一次折，第一段比第二段长了 1 厘米，第二次折，第二段又比第一段短了 1 厘米。现在问你留在馅饼上的两条折痕之间的距离是多少厘米？

188. 小数学家和大数学家的较量

大数学家碰到了小数学家，小数学家名气没有大数学家大，但是他不服大数学家比他聪明。于是大数学家就出了一个题目要小数学家回答："我给你 1、2、3 三个数字，你知道这三个数字组成的最大数字是什么吗？"

小数学家马上接口："不就是 321 吗，太简单了。"大数学家说他说错了。

你知道真的答案吗？

189. 赵子龙和曹兵交战

三国时期，蜀国大将赵子龙武艺高强，未逢对手。有一次，他单枪匹马杀入曹军大营。有 1 个曹兵联合 8 个曹兵来围攻赵子龙，但打不过赵子龙。于是，每个士兵回军营各找来 8 个士兵来围攻，还是打不过，每个士兵又回军营各自找来 8 个士兵，仍然不行，于是，每个士兵又各找来 8 个士兵，这样才打了个平手。

你知道，赵子龙和多少个曹兵交战吗？

190. 李逵打猎

李逵喜欢打猎，他打了一些老鹰和一些野狼。他把鹰狼混装进两个笼子就往家里赶。他左手提着的那个笼子鹰狼共有 8 个头 22 只脚，他右手提着的那个笼子鹰狼共有 7 个头 22 只脚。

你算算每笼各有多少鹰和狼？

191. 诸葛亮借兵器

大军事家诸葛亮打了很多胜仗，曹操非常惧怕他。有一次，曹操打造了一批十分锋利的兵器。假装要送给诸葛亮。诸葛亮得知那批兵器里面有刀、枪、剑共 20 把，他想让他的手下将领换上这批兵器，于是就去借曹操的兵器。曹操笑着说："这好办，我有一个题目要问你：刀数多于枪数的 7 倍，少于剑数的 8 倍。你算算刀剑枪各有多少？"

诸葛亮马上就算出来了，曹操不得不借给诸葛亮兵器。

192. 小东东数骆驼

小东东到动物园去看大象、单峰骆驼、双峰骆驼。小东东数了数这些动物的头、脚，他发现大象、单峰骆驼、双峰骆驼有 *24* 个头、*60* 只脚、*23* 个驼峰。动物园的管理员问小东东："大象、单峰骆驼、双峰骆驼各有多少头？"

你知道吗？

193. 阿里巴巴开餐馆

阿里巴巴觉得开餐馆能赚大钱，于是他就开了一个名叫麦肯烧鸡的餐馆，他这个餐馆专门卖烧鸡。开张第一天，他对吃烧鸡的人特别留意：有 *9* 个人用醋，*11* 个人用酱油，而两样都用的人数等于什么都不用的人数的 *3* 倍，什么都不用的人不止一个。

你知道有多少人吃烧鸡吗？

194. 刘备奖励多少人

蜀国打了胜仗，刘备要奖赏有功将士。他取出了 *38* 块金牌，关羽、张飞、赵云各奖了 *1* 块，剩余 *35* 块金牌奖给其他将士。刘备原计划大将发 *6* 块金牌，中将发 *3* 块金牌，上将发 *2* 块金牌。后来为了重奖大将，于是改为大将发 *13* 块金牌，中将发 *4* 块金牌，上将发 *1* 块金牌。

刘备问军师诸葛亮："大将、中将、上将各有多少人？"

你知道吗？

195. 杨志卖了多少把刀

梁山泊英雄杨志推着一车的大刀去卖。有一个青年人、一个中年人、一个老年人来买杨志的刀。青年人买了整车刀的一半零7把，中年人买剩下的一半零7把，老年人又买了剩下的一半零7把。这时，刀刚好卖完。

杨志一下子就算出他原来车上有多少把刀。

你算出来了吗？

196. 武松、李逵、林冲喝酒分肉

梁山泊好汉武松、李逵、林冲又相会了，他们决定喝酒庆贺，于是买了酒又买了一些牛肉。他们把酒喝完都醉了，牛肉一块都没有吃。武松第一个醒来，他把牛肉分成3等份，剩下一块他一口吃了，拿走了1份，又把剩下的两份堆在了一起。李逵第二个醒来，林冲第三个醒来，他们都像前面那个人那样分牛肉。

请问，原来有多少块牛肉？

197. 曹操的试题如何算

曹操年纪大了，他决定在他最宠爱的儿子中选一个继承他的职位。最终他选出了曹丕和曹植。曹操最宠爱他们两个人了，但他不知道选哪一个好。于是他出了一个题目：曹丕和曹植比射箭，各自射40支箭。曹丕觉得自己射得快，就从曹植那里拿来5支。不料曹植越射越快，他反而从曹丕那里拿来 10 支，最后全部射完。

曹操问曹植："你比曹丕多射了多少支？"

曹植很快回答了。

198. 阿凡提占阿里巴巴的便宜

阿凡提碰到了阿里巴巴，他想占阿里巴巴的便宜。他们两个人一共掏出了 64 元钱，阿凡提和阿里巴巴钱数不相等。阿凡提拿出和阿里巴巴一样多的钱放到阿里巴巴的口袋，阿里巴巴拿出和阿凡提相等的钱放到对方口袋，阿凡提和阿里巴巴就这样经手多次，最后两个人口袋里钱一样多。阿凡提这时后悔了，因为他少了钱。

你知道他们原来各有多少钱吗？

199. 唐老鸭减肥后有多重

唐老鸭、米老鼠、小狗史努比一个月不见都长胖了，而且胖得很厉害。它们在秤上称了体重，唐老鸭和史努比一共是 188.6 斤，唐老鸭和米老鼠一共是 182.4 斤，史努比和米老鼠一共是 184.2 斤。

请问，它们各自有多重？

200. 小熊威克多喂鸡

小熊威克多喜欢吃鸡蛋，它首先养了 37 只母鸡。它用 37 公斤的米喂给 37 只母鸡吃了 37 天。后来它又买 36 只母鸡，总共 73 只母鸡。

这 73 只母鸡 73 天生了 73 公斤蛋。小熊威克多想知道生 1 公斤蛋要喂多少公斤米。

你能帮它算出来吗?

201. 当车

某人驾了一辆昂贵的车到了 B 城,他跑进一家当铺,对当铺老板说:"我要当 20 块钱。"

"你用什么来当?"当铺老板问。

这人指着停在外面的那辆车说:"这是车子的证书,这是车子的钥匙。"

3 天之后,他跑去了当铺,交回 20 块钱,另交了 5 块钱作利息。

当他走出门口时,当铺老板忍不住问道:"你们这种有钱人,难道还缺 20 块钱吗?"

那人的回答令老板啼笑皆非。

试问,那人是怎样回答的呢?

202. 巧设电梯

新设计的环形贸易中心大楼共有 7 层。为了节省时间,加速顾客的输送,计划安排一定数量的电梯。

现在,计划每架电梯只停靠 3 个楼面。为了使各层楼面的顾客都能乘电梯直达他所要去的层楼面,包括最低层,你能否计算出在这一幢 7 层大楼中,最少要设置几架电梯?每架电梯又应该停靠哪 3 个楼面?

203．花了多少钱

小青去植物园春游，回来以后爸爸问他春游花掉了多少钱？小青并不直接回答，却调皮地说："我带出去的钱正好花了一半。剩下钱的'元'数是带出去钱的'角'数的一半，剩下的钱的'角'数和带出去钱的'元'数一样多。"爸爸算了一下，知道了小青出去带了多少钱，花掉了多少钱，剩下了多少钱。

你知道这些数字吗？

204．连衣裙的价格

一个服装店的老板按照自己的方法为衣物标价。

花短裙子：20元。

背心：10元。

女长筒袜子：25元。

领带：10元。

中山装：15元。

请你用同样的方法为"连衣裙"标出价格。

205．谁最后离开

1～50号运动员按顺序站一排，"一、二"报数，队长让报单数的运动员离开队伍。剩下的队员重新报数，新的单数又离开了队伍。

请问：几号运动员最后离开队伍？

206. 管仲买鹿

齐桓公依靠管仲把国家治理得很好，征服了许多割据一方的诸侯国。但是，楚国却不肯听齐国的号令，若不能征服楚国，齐国就不能成为中原霸主。那么，如何征服楚国呢？

齐国好几位大将向齐桓公请战，要求率重兵去打楚国。担任相国的管仲却连连摇头，他对将军们说："齐楚交战，旗鼓相当，够一阵拼杀的。战争将用完齐国辛辛苦苦积蓄下来的粮草。更何况，齐楚两国几万生灵将成为尸骨。"

将军们哑口无言，都用询问的目光注视着功劳卓著的管仲。管仲却不慌不忙，带领许多人看炼铜去了。

一天，管仲派一百多名商人到楚国去购鹿。鹿是齐国稀少的动物，仅楚国才有。但楚人只把鹿作为一般的动物，用很少的钱就可以买一头。

管仲派去的商人按管仲的授意，在楚国到处扬言："齐桓公好鹿，不惜重金。"

齐国商人抬价购鹿，三枚铜币一头。过了十天，加价五枚铜币一头。

楚成王和大臣闻知此事后，颇为兴奋。他们以为繁荣昌盛的齐国即将遭殃，因为十年前卫国的国君因好鹤而把国亡了，齐桓公好鹿，正在蹈其覆辙。楚成王想，等齐国大伤元气后，我们好取而代之。

管仲竟把鹿价又提高到 40 枚铜币一头。

依靠这一办法，不久，齐国征服了楚国。

试问，这是什么道理呢？

207. 小白兔摸黑装信

小白兔有 *4* 位朋友，它们是小山羊、小黄牛、小松鼠、小浣熊，小白兔与它们经常书信往来，感情非常亲密。

有一天晚上，小白兔分别给 *4* 位朋友写信，当它写好信笺和信封正要分装时，突然停电了。小白兔摸黑把 *4* 封信装进信封里，每个信封要对号装一页信瓤。兔妈妈说："这么黑你会装错的。"小白兔说："我估计最多只有一封信装错。"

请问：小白兔的估计正确吗？为什么呢？

208. 准确的判断

在一个金属加工厂的车间里，有 *4* 块锡皮，它们的面积和厚度都相同。车间要用这 *4* 块锡皮做容器，分别从中剪去了一部分。车间工程师王叔叔考问徒弟小张，要小张用最简单的办法判断剩下的锡皮中哪一块的面积最大？哪一块的面积最小？小张青出于蓝而胜于蓝，很快用最简单的办法算出了剩下的 *4* 块锡皮的面积。

请问：小张采用的是什么办法呢？

209. 有奖摸乒乓

在灯光市场上，一家商店举行摸奖销售。在摸奖箱里，装有 *8* 个蓝色乒乓球，*15* 个白色乒乓球，*12* 个黄色乒乓球。商家宣布，只要顾客伸手在箱中摸出两个相同颜色的乒乓球就有奖。因为盒子又深又黑，摸乒乓只能靠运气了。

请问：那最少要拿出多少个乒乓球才确保有一对同色的乒乓球？

210. 苹果、梨、菠萝巧搭配

在一家水果店里有许多的苹果、梨和菠萝等。在柜台上放有一架标准的天平。售货员在称水果时，如果在天平上放一个苹果和一个柚子，就与另一端的一个菠萝重量相同；如果在天平一端放上一个柚子，就同一个苹果和一个梨子的重量相同；如果在天平一端放上两个菠萝，那么就和 3 个梨子一样重。那么，你知道一个柚子的重量等于几个苹果的重量吗？

211. 贺年卡的价钱

动物园的邮局发行新春有奖贺年卡。贺年卡设计精致，价格不等，满足了不同动物的要求，动物们争相购买。小兔买了 10 张，寄给了远方的好朋友，小狗买了 5 张，寄给了远方的同学。小狗比小兔省下了 3 元钱。

请问：它们谁买的贺卡要贵些？每张贺卡多少钱？

212. 巧妙回答爸爸

娟娟每天都坐公共汽车上学。离娟娟家门不远处，有一个公共汽车站。汽车和电车都是隔 10 分钟就来一次，票价也一样，只是汽车开过之后，隔 3 分钟电车才开来，再过 7 分钟下一趟汽车才又开来。

有一天，爸爸问娟娟："根据这两种车的时间特点，你每天乘哪种车更快呢？"娟娟稍一思索，就准确地回答了爸爸的提问。

你知道娟娟是怎样回答的吗？

213. 多出几个洞

小熊是个足球迷，他每天都要踢足球，因此他的鞋袜都非常容易破，几乎一个月就要穿破3双袜子。第一双袜子破了1个洞，第二双袜子破了2个洞，第三双袜子破了3个洞。妈妈让小熊数一下，这些袜子一共有多少个洞。调皮的小熊却说有12个洞。

请问：小熊说得对吗？

214. 动物游乐园怎样走

在昆虫王国里，蜻蜓有6条腿、2对翅膀；蜜蜂有6条腿、1对翅膀；蜘蛛有8条腿，没有翅膀。有一次，蜻蜓、蜘蛛和蜜蜂，组成了一个共有18个成员的小小动物游乐园。他们这个团里共有118条腿，20对翅膀。

你认为这个小小动物游乐园中，蜻蜓组拥有多少名成员？蜜蜂组拥有多少名成员？蜘蛛组拥有多少名成员？

215. 有折痕的四边形

在数学课上，张老师拿着一张长方形的纸沿中轴线对折了一次，然后再交叉着沿中轴线对折了一次。最后，张老师打开这张纸问：

119

"这样把这张纸对折，一共有几个有折痕的四边形？"

王玉同学说有 4 个，教师摇了摇头，李秀同学说有 9 个，老师摆了摆手。

其实这是一个简单的问题，可是他们都错了，到底有多少个呢？

216. 巧妙过河

从前，有两个生意人，他们分别来到了一条小河的两岸，他们望着湍急的河水，都想到对岸去。河面有一丈宽，河水很深，河上没有桥，两个人都不会游泳，但他们必须过河。河两岸只有一块 8 尺长的木板。他们望着木板，终于想出了一个办法，两个人都顺利地渡过了河（注：1 丈 = 10 尺）。

请问：这两个人想的什么办法过河的呢？

217. 男生女生有多少

下课后，有许多学生没有出教室。明明站了起来，他看到教室里坐着的男生人数只有女生人数的 1/3，明明坐了下来。女生莉莉站了起来，她所看到的男女生人数相等。

请问：在教室里的男生、女生各有多少人呢？

218. 三个人抬两棵树

从前，有个凶狠的地主，到了年终要给长工结工钱的时候，地主却恶狠狠地对 3 个长工说："要结工钱，必须做好一年的最后一件事情，否则休想要钱。"然后地主叫 3 个长工到山上去，每人抬两根圆木回来，一共只能是 3 根。3 个长工一商量，便每人从山上轻轻松松地扛着一根圆木回来了，然后按商量好的样子，把三棵树摆好，叫地主来检验。地主一看，找不出什么毛病，只好给 3 个长工结账。

请问：3 个长工是怎样摆放树木的？

219. 橡皮筋捆铅笔

在智力课上，李老师叫同学们自己动手，用 4 根橡皮筋捆 9 支铅笔，每捆铅笔都必须是奇数。有的同学捆来捆去，怎么也没有捆出来。小聪却没有用多大的工夫，就按李老师说的捆好了。李老师看了，赞不绝口。

请问：小聪是怎么捆的呢？

220. 破碟子的重心

小洁和小美看完精彩的杂技表演后，都为杂技演员的精湛技艺所倾倒，都想学到一手杂技表演的"绝活儿"。小洁和小美到杂技表演室向师傅们请教，王师傅教她们转转碟，把塑料棍头上的针顶在碟子的重心处就可以使碟子转起来。小洁和小美问王师傅，要是转一只破碟子，怎样才能找到这只破碟子的重心呢？

请问：王师傅该怎样回答呢？

221. 姐妹年龄谁最大

小凤与小兰是很好的朋友，她们俩以姐妹相称，但不知道谁的年龄大。只知道小凤再过两年，年龄就是两年前的两倍，而小兰3年前的年龄刚好是3年后年龄的1/3。女孩都不愿说出自己的年龄，我们也不好问她们，只好去计算她们的岁数了。

请问：小凤与小兰今年各是多少岁？小凤、小兰她俩谁大些？

222. 男女同学多少人

有一次，明明到展览馆去参加画展。在这之前，他得知全校共有120名同学参加。但当他到了展览会上发现，在这些同学当中，任意两个同学中至少有一个是女同学。他感到真是奇怪，到底是学校有意的安排还是巧合呢？明明说不清是什么原因。

请问：参加这次展览会的女同学和男同学各有多少名呢？

223. 蜡烛难题怎么算

兔妈妈给小白兔出了一道难题：桌子上点有9根蜡烛，一会儿被风吹灭了3根，过了一会儿又被风吹灭了2根，到最后还剩下几根蜡烛。

小白兔算了一下，跳着说真简单、真简单，但兔妈妈说小白兔没算对。小白兔又抓起脑袋来，但怎么也没有算出来。请问：最后还剩几根蜡烛呢？

224. 苹果树上的苹果

小叶家的院子里有一棵苹果树，苹果树上结了 20 个熟透的红苹果。这天晚上突然刮起了狂风，把树上的苹果吹落了一半。小叶的爸爸看到苹果都掉了，于是伸手把树上的苹果摘了一半，还有许多苹果结在树梢，小叶的爸爸根本摘不到。小叶想数一数树上还有多少个苹果，但太阳刺眼，她怎么也看不清。

请问：苹果树上还有多少个苹果呢？

225. 一盒粉笔有多重

霞霞想知道一盒粉笔有多重，但她面前只有一架无码的天平。霞霞想了想，她要用这架无码的天平称出一盒粉笔的重量。她在天平的一边秤盘里放一整盒粉笔，在另一边秤盘里放 2/3 的粉笔和 30 克重的砝码，天平于是平衡了。霞霞就知道了一盒粉笔的重量了。

请问：一盒粉笔有多重？

226. 巧算登山的平均速度

在一次夏令营中，同学们进行登山活动。在上山的时候，同学们每小时走 2 里路，登上山顶后，同学们再从原路返回了地面。下山时每小时走 6 里路。到了山下的宿营地，班长问大家："我们登山时的平均速度是多少呢？"小杰很快回答到："上山 2 里，下山 6 里，平均 4 里。"

请问：小杰说得对吗？到底是多少呢？

227. 多少学生在赛跑

学校举行运动会，有几名学生报名参加了长跑比赛。比赛开始，运动员们飞奔着向终点跑去。其中小杰跑在两个运动员的前面，小江跑在两个运动员的中间，小文跑在两个运动员的后面。几名运动员风一样跑过，看不清是多少名运动员在赛跑。请你计算一下，到底有多少人参赛呢？

228. 不是三角形的旗

有一位骗子，他对一个人神秘地说："我家收藏有一面旗子，是三角形的，大概是清朝年间的青龙旗，很值钱的，我想便宜一点卖了。"这个人问他："你那块三角形旗有多大？"骗子说："我只记得这面旗子的三边分别长为 2.5 尺、2 尺、4.5 尺。"这人一听笑了笑说："你在骗我吧。"

请问：这人是怎么识破骗子的？

229. 篮球比赛多少分

昨天，初三（2）班与（1）班进行篮球比赛，但是文文因参加乒乓球比赛没有看成篮球比赛。他问李红（2）班与（1）班两队的比分情况怎样。李红说："（2）班得分加上 7 分，就比（1）班多 1 分，（2）班和（1）班的总分是 100 分。"文文说："我知道比分了。"

请问：（2）班和（1）班篮球比赛各得了多少分？

230. 水中巧脱险

两个探险队员用软梯攀下一个深谷。他们发现谷底有一个洞穴，于是就用木棒捅了捅洞穴，忽然大量泉水从洞穴涌出，刹时水位就到了腰部，并还在不断上涨。两人都不会游泳，又没带潜水救生用具，只有立刻攀软梯出谷。但软梯只能负重 120 公斤，而他们两人的体重共 150 公斤。如两人同时攀梯，可能将软梯压断。若先后攀梯而上，但又来不及。但他们还是想出了一个办法脱了险。

请问：他们用的什么办法呢？

231. 小猪分馒头

猪妈妈带着小黑黑去外婆家，她把几只大黑黑留在了家里，并在桌上给他们放了 16 个馒头，要他们饿了就平均分吃。到了中午的时候，大黑黑们开始分吃馒头，但他们怎么也分不均匀，几只大黑黑小猪于是吵了起来。到了晚上，猪妈妈带着小黑黑回来了。原来，猪妈妈连着小黑黑的馒头也放在了桌子上，小黑黑回来了一下就平分了，每个小猪分得了 4 个馒头。小朋友，你知道猪妈妈把几只大黑黑小猪留在家了吗？

232. 哈哈遇巧嘴

哈哈很喜欢逗人发笑。有一天，妈妈叫他去买菜，他提着篮子走进了一个肉店，店主问他买什么。他说："不要肥，不要瘦，不要骨头，不要肉。"店主被哈哈逗乐了，拿了一样东西给哈哈，哈哈感到很满意，就问多少钱。店主也想逗逗哈哈，就说："一二三，三二一，一二三四五六七，七加八，八加七，九分十分加十一。"哈哈计算了一下，便付了钱，店主也很满意，两人相视哈哈大笑。

请问：你知道哈哈买的什么东西吗？他付了多少钱呢？

233. 小猴吃核桃

花果山秋收了，为了分享胜利果实，孙悟空召集猴子猴孙们分吃核桃。在分核桃前，孙悟空说："今天大家非常高兴，我就出一道吃核桃的问题。假如每5个猴子同时吃5个核桃要5分钟。问：50个猴子同时吃50个核桃一共要多少时间？答对了的话，答的是什么数就奖励多少个，答错了的话，答的是什么数就罚多少个。"

孙悟空刚说完，一只小猕猴跳起来就答道："50分钟！"

请问：这个小猕猴答对了吗？

234. 苏武放牛

西汉中期，北方的匈奴经常侵犯西汉北部边疆。于是汉武帝命令大臣苏武出使匈奴议和。匈奴单于不仅不跟汉朝议和，反而扣下了苏武，发配他到北海去放牧。北海牧场主出了一个题目考苏武。牧场主说："牧场的草让27头牛吃可以吃6个星期，让23头牛吃可以吃9个星期。那么，让21头牛吃，可以吃几个星期？"苏武马上就算出来了。

你知道问题的答案吗？

235. 孔融装梨

孔融从果园里摘了很多梨，都堆放在地上，他正要一个一个捡回篮子里去，这时他爷爷笑呵呵地来了。他爷爷说："孔融你别忙着装梨，我考一考你，如果篮子里的梨每分钟加一倍，一小时后篮子就满了，那么放半篮梨需要多少时间？"

孔融一算就得出了正确答案。

你想到了答案了吗？

236. 秦桧的卫兵

南宋奸臣秦桧干了很多坏事，他很怕别人来报复自己，于是就在自己的相府外设了两道防线。外围是一条从东到西的直线，里面是一道圆形防线，都长 3108 丈。他每隔一丈派守一名卫兵，那么两道防线各要派守多少卫兵？

237. 花果山和火焰山

火焰山的牛魔王想和花果山的孙悟空一决胜负，孙悟空也想教训一下牛魔王。于是他们约定在中秋节的时候比武。中秋节到了，牛魔王从火焰山出发，孙悟空从花果山出发。5 个小时后，他们相遇了。在这段时间里，牛魔王比孙悟空少走了 140 公里。孙悟空的行走速度是每小时 40 公里。孙悟空对牛魔王说："你知道花果山和火焰山隔着多少公里吗？回答出来了，我们就动手吧，答不出来的话，就乖乖吃我 300 棍。"

牛魔王是个傻瓜，孙悟空硬是打了他 300 棍。

238. 米奇和米乐的比赛

老鼠米奇、米乐是兄弟。它们俩都喜欢赛跑，于是就手拉着手来到了 100 米的赛场上举行比赛。平常米乐要比米奇提前 10 米到达终点，但是米奇不服气。米乐于是对米奇说："哥哥，我把我的起跑线向后移 10 米，我仍然能够胜过你。"米奇不信。

你相信米乐说的话吗？为什么？

239. 猪八戒赶猪

猪八戒每年都要给玉皇大帝进贡一些猪。从南天门到灵霄宝殿要经过 8 道大门，每经过一道大门守门的天兵都要将所赶的猪留下一半，再还一只给猪八戒。现在经过了 4 道大门了，猪八戒只剩下两只猪了。

你知道猪八戒原来有多少头猪吗？

240. 朱文亏了没有

朱文的铅笔用完了，于是他向妈妈要了 1 元钱去买一支 0.75 元的铅笔，但是售货员只找了他 5 分钱。

你说朱文亏了没有？

241. 抬地板砖

学校举行大扫除，小明、小能、娜娜分在一个小组扫操场。他们看见操场上有一块断成三角形的水泥地板砖，很容易把同学们绊倒，需要把破损的地板砖抬出操场。小明说："娜娜，你是女同学力气小，你抬最小的一个角，我与小能是男同学，力气大，我们抬两个大角。"

小明这样做照顾到了娜娜吗？为什么？

242. 龟兔 100 米赛跑

龟兔赛跑，小白兔因为骄傲自满，在半路上睡了大觉，结果让乌龟跑赢了。小白兔耍赖不认输，要与乌龟进行 100 米赛跑，乌龟只好同意了。小白兔果真一口气跑到了终点，乌龟比小白兔落后了 20 米。乌龟说："3 次定输赢，我们再比一次。"小白兔说："比就比，我让你 20 米远的地方，你在起跑线起跑。"随着小白兔和乌龟高喊"一齐跑"，它们都向终点跑去。请问，这次谁先跑到终点？到底为什么？

243. 总共才 800 元

新春佳节，两位父亲为两个儿子发压岁钱。一位父亲给了儿子 800 元，另一位父亲给了儿子 300 元。后来，两个儿子数了数自己的钱，发现两人的钱加在一起总共才 800 元。这是什么原因呢？

244. 各有多少苹果

小能和小明手里都拿了一些苹果，假如小能给小明一个苹果的话，他们手里的苹果就一样多。假如小明反过来给小能一个苹果，那么小能的苹果恰好是小明的两倍。请仔细想一想，他们原来各有多少个苹果呢？

245. 从轻到重排体重

小红、小兰、小飞、小玲4个人是好朋友。有一天，他们一起去商场，在街上看到一个体重秤。于是他们纷纷去称体重，最后的结果是：小红比小飞重，小红加小兰和小飞加小玲一样重，小兰一个人比小红加小飞两个人还要重。那么，请问他们的体重从轻到重应该怎样排列？

246. 车站老大难问题

有一个外国人坐火车从郑州到北京去旅行。他在石家庄站停了下来，看了一下时刻表，知道起点与终点站之间，由北京开向郑州的车是每隔20分钟一趟，而由郑州开向北京的车则是每隔30分钟一趟。这条线上没有别的支线，也没有快车或货车通过。这个外国人觉得，好像不管有多少车辆，最后都会全部堆在郑州站上。可实际上并不是这样，外国人怎么也弄不明白，你们知道是什么原因吗？

247. 找到走失的猪娃娃

　　猪妈妈带着它的猪娃娃到外婆家，它们要经过一条小河，猪妈妈叫一个大猪娃娃当小队长，排队点数。猪队长从前数到后，又从后数到前，不论怎样都少了一只小猪。猪妈妈又叫一只最小的小猪来点数，数来数去还是少一只小猪。猪妈妈以为走丢了一只小猪，难过地哭了起来，还带领小猪们往回走，分散四处寻找。

　　你能帮猪妈妈找到走失的猪娃娃吗？

248. 多少根手指头

　　有一天，老师考朱朱一个问题说："人的手有 10 根手指头，那么 10 只手有多少个手指头呢？"朱朱觉得太简单了，随口回答道："不就是 100 根吗？这还用得着考问。"老师笑了笑说："再想一想。"朱朱仔细一想，觉得自己太粗心大意了，他及时修改了自己的回答。

　　请问，你能迅速回答出这个问题吗？

249. 树上有多少个苹果

　　在一大片树林中有一棵苹果树，苹果树上结了一个红色的苹果，红红的大苹果映着阳光，的确让人眼馋。

　　有一群猴子来到树林里，它们一边走一边寻找食物。走在最前边的那只猴子发现树上的大红苹果，突然蹿上树去。其余的猴子也发现了大红苹果，一个个馋得直流口水，纷纷往树上爬，去争夺那只红苹果。

请问，树上有几个苹果、几只猴子？

250. 还剩几个梨子

妈妈买了一篮梨子，吃了之后剩下 7 个梨子放在篮子里，篮子放在桌子上，妈妈去上班了。妈妈走了一会儿，能能想吃梨子，但他够不着，就站在小板凳上踮着脚尖去拉篮子。结果把篮子拉翻了，篮子里的梨子全倒了出来，有 4 个梨在桌上，有一个不知滚到哪里去了，能能到处都找不着。能能只好把桌上的梨拾进篮子里。有一个梨不见了，能能虽然怕妈妈回来责备，但管不住自己的馋嘴，就啃吃了一个梨。请问，篮子里还剩下几个梨？

251. 画圆又画方

灵灵在做作业时，总想看动画片，趁爸爸妈妈不注意，就偷偷地瞄电视。

有一天晚上做作业时，灵灵又偷偷地瞄电视，爸爸看见了批评说："做事要一心一意，决不能一心二用。假如用右手画一个圆，用左手圆一个正方形，那么两样都画不好！"灵灵眨眨眼睛调皮地说能够画好，立即就开始画。他不仅画好了圆，也画好了正方形，爸爸都愣住了。请问他是怎么画的？

252. 数数窗格

兵兵家的窗户是用木条做成的，木条分成很多格子，每一格都是同样大小的正方形。兵兵每天都望着他家的窗户数着方形格子，但数来数去怎么也数不清。你能把兵兵家的窗户格子数清吗？当然不论大小，一个也不要漏掉，看看到底有多少？

253. 一共钓到多少只

小军的爸爸和叔叔十分喜欢钓鱼，小军总是跟随爸爸出海，每次都满载而归，真有一种凯旋的感觉。

上个星期，小军的爸爸又到海边钓鱼，他没有跟爸爸一同前去，好不容易盼回爸爸，小军兴冲冲地问爸爸钓了些什么鱼。

爸爸笑着说："我钓了9只没尾巴的鱼，6只没头的鱼，叔叔钓了8只半个身子的鱼，你看我们一共钓了多少条鱼？"

小军挠着头一时想不起来，他搞不明白爸爸到底钓了些什么鱼。你知道小军的爸爸和叔叔钓了些什么吗？

254. 巧算车牌号码

小王的自行车晚上被小偷偷走了，他到派出所报案。派出所同志询问他车牌号码时，他却记不清号码是多少了，只知道车牌号码的4个数字中没有零，各不相同，而且百位数比十位数大，千位数比个位数大2。如果把号码从右往左读，再加上原来的车牌号码，等于16456。

133

你知道小王的车牌号码是多少吗？

255. 千军万马是多少

绘画课上，老师布置了一道题，要求学生以千军万马为内容作一幅画。大部分学生都在纸上密密麻麻地画了许多士兵和马匹，但老师看了都不满意。

小灵画完了，老师一看非常惊喜，称赞小灵是一位可造之才。可画上连一兵一卒都没有，只有一个马头，这怎么算是"千军万马"图呢？老师为什么赞不绝口呢？

256. 巧带钢坯

张工程师到外国去考察，发现了一种钢坯，正是国内一种设备上需要的，于是他买下了钢坯准备带回国内。当他购买返程机票时，发现这个国家对乘客规定随身所带的货物，长宽高都不准超过 *1* 米。而这根钢坯虽然直径只有 *2* 厘米，但长度却达 *1.7* 米，该怎么办呢？张工程师终于想出了一个绝妙的办法。第二天，钢坯果然被巧妙地带上了飞机，既没有截断钢坯，又没有违反规定。你知道张工程师用了什么样的办法吗？

257. 水池共有几桶水

从前，一个国王听说有个孩子非常聪明，就想见识见识他。大臣们把这个聪明孩子找来，国王就问他："王宫前面有个小水池，你说里面共有几桶水？"

这个孩子眨了眨眼，立即回答出来。国王听后，被孩子的聪明才智折服了，于是把他接进王宫进行专门培养，希望孩子长大后为国家贡献聪明才智。

请问：这个孩子是怎样回答国王的？

258. 小狗跑了多远

爸爸带着明明和小狗到公园去溜达，明明与小狗蹦蹦跳跳地跑在前面，过了 10 秒钟后爸爸才出门。爸爸刚出门，小狗回头看见了，就向爸爸跑来亲了一下爸爸的脚，又向明明跑去，跑去亲一下明明后又向爸爸跑来，小狗在爸爸与明明之间来来回回地跑着。假设小狗的速度为 5 米/秒，爸爸的速度为 2 米/秒，明明的速度为 1 米/秒。当爸爸追上明明时，小狗一共跑了多少路程？

259. 奇瓶的容积

在一次试验课上，老师拿着一个奇形的瓶，他要求同学们以最快的速度算出这个瓶子的容积。同学们都争着为瓶子测量周长、直径等，忙忙碌碌地演算起来。小聪却拿起这个奇怪的瓶子，他并没有用笔演算，就得出了这个瓶子非常精确的容积，他的方法令老师和同学们大为惊讶。

请问：小聪用的是什么方法？

260. 有多少本书

放假后，小凡整理自己的小书架。他发现自己 500 册藏书中，已有 5 本书损坏了。另外，他的借书登记本写着：小明借去 4 本，小刚借去 6 本，这些都没有还，还有 2 本书前几天被小妹妹弄丢了。

小凡刚整理完时，他的同学来了。他问小凡："你还有多少本书呢？"

你猜小凡是怎样回答的？

261. 两个数字的意思

几何考试评完分后，张老师气愤愤地走上讲台，将一大叠试卷重重地掷在桌子，神色严肃地说："这次几何考试，大家考得太差了，只有 3 名同学及格。"

同学们都感到了问题的严重性，教室里顿时安静下来。

张老师说："我告诉大家，干任何事情都很不容易。我送你们两句话。"张老师说着在黑板上写下了"1111"和"1001"两个数字，却不是两句话。同学们都不知道什么意思。你知道是什么意思吗？

262. 题目出错了吗

胖胖的江老师喜欢出思考题，一次她出了这样一道题："射手向靶子射了 5 支箭，成绩是 37 环。请问这 37 环是怎样射得的？"

同学们赶紧去算。算了一会儿，只听到小玲玲举手说："老师，这道题是不是出错了？"小冬冬则说："是不是少了条件？"

江老师笑着说："题目一点都不错！请大家再好好想想。"

既然题目没错，那么这个射手是怎样射的呢？

263．吃了多少鸡蛋

李员外有几个很顽皮的儿子。一次李员外带他们到舅舅家里去玩。几个人一进门就嚷："舅舅，肚子饿了！"舅舅忙叫舅妈把仅剩的一些鸡蛋全煮了，拿来给他们吃。舅舅一看可就犯难了，说："一个人一个，就多出一个鸡蛋，一个人给两个吧，又少了两个。这样吧，幺外甥多吃一个。"

其他几个兄弟可嚷上了："不行，不行！一个也不能多吃！"

你知道李员外有几个儿子，舅妈煮了多少个鸡蛋？

264．怎么回家

杨婶婶说话挺风趣。她有3个儿子，3个儿子都娶了媳妇。3个媳妇很久没有回娘家了，这天同时向婆婆提出要回去看看老爸老妈。

杨婶婶笑着说："去吧去吧，都一起去吧。大媳妇去个三五天，二媳妇去个七八天，三媳妇去个半个月。你们同去同回吧，可不许误了日期。"3个媳妇一听，都不知如何是好，只好去跟她们的丈夫商量。丈夫们一听笑了，都骂她们笨，然后告诉她们怎样回来。3个人果然在同一天回来了。

你知道她们是怎么回来的吗？

265. 难住教授

小华的爸爸可是大名鼎鼎的大学数学教授，在数学方面世界上都排得上名次呢！小华今年才是三年级学生。一次，他要考考爸爸这个大数学家。

小华说："爸爸，我这儿有一张撕下来的纸，只有一边是直线，不准沿直线对折，你能用折的办法折出一个直角吗？"爸爸就用纸折来叠去，没有办法弄出一个直角。小华就笑了，说："看来你这个大学教授也是徒有虚名的。我折给你看。"小华很快就折出了一个直角。

你会不会折呢？

266. 成绩弄错了

期中考试的成绩公布出来了，小兰这次考的成绩还不错。放学时老师把打印的成绩单装进信封里让同学们带回去给家长看。

回到家里，小兰妈妈拆开信封一看，脸上顿时现出不高兴的神色，问小兰："你这次语文考了多少分？"小兰说："89分。"妈妈说："这成绩单上明明写着你的成绩刚过及格线8分，怎么当面撒谎？"小兰说："我们老师在班上宣布过的，我怎么会撒谎？"

妈妈和小兰争论了半天，后来才弄清楚了原因。

你知道是什么原因吗？

267．8刀切多少块

豆豆可聪明啦，每次班里出什么数学竞赛，他总是拿第一名，得的奖状把墙壁都快贴满了。小弟弟蛋蛋有点儿不服气，想考考哥哥的能耐有多大。

蛋蛋说："一个西瓜切 3 刀，最多可以切多少块？"豆豆说："8块。"蛋蛋说："那么一个西瓜切 8 刀，最少可以切多少块？"豆豆说："等等，让我拿纸笔来算一下。"

蛋蛋笑他："不用纸笔啦，我告诉你吧。"豆豆听了答案，不觉羞红了脸。蛋蛋的答案是多少？

268．神奇的刀法

今天是斤斤的生日，妈妈给他买了一个很大很大的蛋糕，斤斤邀了一群小伙伴来给他庆祝生日。

斤斤点了一下人数，总共是 8 个人。斤斤说："这里有 8 个人，那么蛋糕要切成 8 块，也就是要切 3 刀。"文文却说："不用切 3 刀，我只要两刀就解决了。"小伙伴们一听都傻了眼，天下还有如此神奇的刀法！

大家正在发愣，只见文文拿起刀就开始切蛋糕，两刀就切成了 8 块。大家不得不佩服他的刀法。

你说文文的神奇刀法神奇在哪里？

269. 简单分骆驼

　　有一个富人养了 17 头骆驼，他有 3 个儿子。儿子们都长大了，各自要成家立业，富人便把家产分了。这 17 头骆驼大儿子得 1/2，二儿子得 1/3，三儿子得 1/9，剩下的归富人自己，这下可麻烦了，按照这种分法，骆驼只好宰了来分。

　　正在没有办法的时候，有个骑着骆驼的老人过来了。当他知道富人正为分财产犯难时，就爽快地答应为他解决难题。不用一刻，老人就为富人把 17 头骆驼公正地分给了他的 3 个儿子，然后又骑着骆驼走了。

　　老人用什么办法解决了富人的难题呢？

270. 猪八戒吃馒头

　　唐僧师徒一路西行，正走着，唐僧说："悟空，我们肚子饿了，你去化些斋来。"孙悟空不一会儿就化来了 11 个馒头，唐僧拿了两个，剩下 9 个留给猪八戒和沙僧吃。孙悟空说："一个人最多只能同时拿两个馒头，不准多拿。"猪八戒贪吃，每一次都拿两个，沙僧只拿了一个。他两个吃得一样快，最后八戒却在那里嘟嘟嚷嚷。你猜为什么？

271. 胜过冠军

　　比尔是校田径队 100 米赛跑的冠军，杰克是校田径队 1000 米赛跑的冠军。查理也是校田径队的，跑得也很快。

一天查理在同学们面前吹："今天我和我们校两位冠军比赛跑，我把他们两个都赢了。"同学们都认为他在吹牛，只有查理的好朋友汤姆说这是真的。

查理是不是吹牛？

272. 种树比赛

3月又到了，小冬和爸爸、哥哥一起去植树。父子3人都努力植树，1个小时下来就植了不少。

小冬数了一下，他和爸爸植的树合在一起是16棵，爸爸又比哥哥多植7棵。回来小冬就这样告诉妈妈，要妈妈算一算每个人各植了多少棵树。

你能不能替妈妈算一算他们3个人各植了多少棵树？

273. 飞机与火箭

小胖是班上最贪玩的学生，数学成绩最差。小波则是班上最勤奋的学生，数学成绩最好。小胖对小波总是不服气，一天他对小波说："你是班上数学成绩最好的，我来考你一个问题。有一架飞机的速度是每小时2200公里，有一架火箭的速度是每小时2800公里。如果让它们从航天中心出发，飞机先起飞7小时，然后火箭才起飞。哪个先达美国的纽约？"小波认真算了一下报出他的答案。小胖"扑哧"一声笑了。小胖将答案一说，小波脸红了。小波为什么脸红？

274．怎样量醋和油

欢欢的妈妈进城去进货，让她照看小店。有人来买柴油，欢欢问他买多少，客人说买 3 升。

欢欢看到油罐里装着满满的 20 升油，可是量筒找不着了。但欢欢记得昨天妈妈用一个塑料袋子装着 3 升醋。她就想了一个办法，让客人满意地走了。

欢欢用的什么办法？

275．锯钢管要多久

王叔叔正在锯一根 10 米长的钢管，小凤走了过来，问道："叔叔，您要把它锯成多少段？"王叔叔说："要锯成 20 段。"小凤又问："锯断一截要多长时间？"王叔叔答："要 4 分钟。"小凤笑着说："我知道你要多长时间才能全部锯完。"王叔叔说："是吗？你说要多久？"

276．小猴爬梯子多少级

亭亭家养了一只小猴，一天小猴看到葡萄园搭着一架梯子，就偷偷地爬上去吃葡萄。小猴爬到中间一级时，看到下面的葡萄熟一些，就往下退了 3 级，等会儿又爬到了第 7 级，但它又看到下面一点的葡萄熟一些，又往下退了 2 级。它吃了几个葡萄，又爬上了 6 级，这时上面还有 3 级。

这梯子一共有多少级？

277. 真的父母偏心吗

一对小夫妻老是盼着生孩子，后来来了个大喜，生了一对双胞胎，是两个胖小子。两个小家伙长得很快，一岁多就会叫爸爸妈妈了。看着这一对聪明伶俐的孩子，小夫妻别提有多高兴了，特别是弟弟更惹人喜爱。虽然父母对两个孩子都很疼爱，但每年总是先给弟弟过生日，再给哥哥过生日，有的人认为父母有些偏心。真的是偏心吗？

278. 迪斯尼乐园玩游戏

1987年2月，某市发生了一起凶杀案，一个公司的经理被人杀死了，经理家中的钱财也被人拿走了。公安局马上派人侦查这个案件。最后杀人的嫌疑集中在一个人身上，这个人被传来审讯。公安人员问："2月27日、28日、29日你在干什么？"这个人答："27日在厂里上班，28日在我姑姑家，29日去迪斯尼乐园玩。"公安人员根据这个人的回答立刻就断定这个人在撒谎，你知道根据是什么吗？

279. 人数固定的村落

埃及有一个名叫乌姆·萨菲尔的小村庄，村民至今过着与世隔绝的氏族生活。这里没有买卖和交易，所有产品都是按数量平均分配给全村成员，也不存在盗窃和其他犯罪行为。这个村落的人认为，他们之所以能过着安闲自在的生活，秘密在于一个幸运的数字——147。这个村落自古以来一直保持着147口人，而且永远不变。

试问，他们怎么能做到这一点的呢？你能说说吗？

280. 6198

一个正在穿行人行横道的男子，被突如其来的一辆车撞倒，肇事汽车停都未停便逃之夭夭。被撞人气息奄奄，在被送往医院途中，只说了逃跑汽车的车号是"6198"，便断气了。

警察马上找到了该牌号的车辆，但该车驾驶员有确切的不在现场的证明，而且这辆车已坏了，在案发前就已送修理厂去修了。

如此说来，罪犯的车牌号不是"6198"。然而，聪明的警察很快便抓到了真正的肇事车主。

你知道这是为什么吗？

281. 缺秤砣

为了对市重点工程提供优质服务，果品公司决定派小王和小李到远郊一个建筑工地送西瓜。两人装了一车绿皮、红瓤、黑子的"苏蜜"西瓜，带上一架小台秤出发了。一路上山路崎岖，曲曲弯弯，快到中午时才到工地。

卸车时，小李发现那架小台秤除了底砣和一个 1 公斤砣，其余的砣全在颠簸的路上丢了。这样，这台秤最多只能称 2 公斤，可是西瓜大的就有六七公斤，小的也有三四公斤，怎么办呢？打听了一下，因工地坐落在半山坡上，想借吧，附近也没有。

工人们兴高采烈地来买西瓜，一听没法过秤，都很扫兴。有个小伙子出主意说："要不把西瓜切成几块，慢慢称吧？"

这时一旁有个老工人说："那又何必呢？"说着他只用了几分钟的时间，就使这台秤恢复了原来的称量。

试问，他用的是什么方法呢？

282. 智猜电话号码

出差之前，老何让小徐在 1979 年 12 月 24 日下午打个电话给他。但是号码很特别，以下几点可以告诉你：它是一个六位数，若把前后分为两个三位数 a 与 b，则 a 加 b 正好能整除年份 1979；a 减 b 正好能整除月份 12；b 的最后一个数正好能整除日期 24。

试问，你知道这个电话号码是多少吗？

283. 一大碗香茶

一个小贩用一斤茶叶沏好一桶茶水。

他在木牌上写道：二分，一碗茶。

来往顾客闻到茶香，争相购买，没多久，一桶茶水卖个精光。

小贩心想，既然顾客欢迎，买卖兴隆，我何不少放茶叶，多赚些钱呢？

他用半斤茶叶沏好一桶茶水。

他在木牌上多写一个字：二分，一大碗茶。

由于天气炎热，一桶茶水也卖个精光。

小贩盘算，既然少放茶叶，照样卖光，我何不……

第三天，小贩用一两茶叶沏好一桶茶水。

他在木牌上再多写一个字：二分，一大碗香茶。

茶摊上，又摆了一台四喇叭录音机，不时播出音乐。

试问，这一次茶水生意如何呢？

284. 暗查

1991 年 2 月 1 日上午 10 时许，铁路上海站南广场上车来人往。离西首行李房不远处，排着一溜清一色带 "Z" 牌照的个体出租小货车，车老板在徘徊候客。

此时，有五男一女拎着 "拷克" 箱、旅行袋前来租车。

"到啥地方？" "Z0493" 车老板问。

"去公平路码头拉货，多少钱？"

"来回 50 元。"

"好，50 就 50，再帮忙叫一辆一起去。"

车老板很快叫来了他熟识的另一辆 "Z0710" 号车。这个车老板一听去向和车价，嫌钱少，连叫："60 元！ 60 元！"

客人勉为其难地应允了。6 人分头上了车。两辆车一前一后驶出南广场，才过立交桥拐弯，客人突然要车靠边停下。还没等车老板回过神来，几位客人分别亮出了身份。原来 5 人是不穿制服的上海市陆上管理处稽查人员，一位是随访记者。

按规定：0.6 吨货运车价的基价为 7.20 元，每公里运价 0.70 元。从铁路上海站至公平路来回价最高不超过 30 元，现在要价超过了一倍。车老板狡猾地抵赖："刚才的开价是开开玩笑的。" 当稽查人员拿出了证据以后，车老板无话可说了。

试问，稽查人员拿出的是什么证据呢？

285. 借东西

从前有个姓王的秀才，满腹文才，却因奸臣当道，穷困潦倒在家。

一天，王秀才赛诗归来，腹中空空，就叫儿子阿聪赶快煮饭。可家中早就没米了，这时，他才想起今天是大年三十。往哪儿去借钱买米呢？王秀才急得团团转。突然，他看见墙角处有一段圆毛竹，不由灵机一动，忙用刀往圆竹筒上劈去，当劈到 1/3，靠近竹节处就不再劈了，叫儿子拿了这带刀子的圆竹筒，到邻村最要好的朋友李秀才家去。

李秀才家中富裕，是个喜欢猜谜的人。当阿聪拿着这段圆竹筒给他时，他拿着竹筒，左看右看起来。看了一会儿，他突然哈哈大笑，立即吩咐家人，拿出一袋米和几吊钱交给阿聪。

试问，你知道李秀才怎么猜出王秀才家中缺钱少米的吗？

286. 需要多少只猫

如果 3 只猫在 3 天里只能捉 3 只老鼠，那么，要在 100 天里捉 100 只老鼠，需要多少只猫呢？

287. 自鸣钟敲响

君君家中有一座古老的自鸣钟，这种自鸣钟的特点是每个小时它都会依着钟数的多少而发出适当的声来。今天，君君忽然想知道自鸣钟敲响 12 下用了多长时间。他发现当钟敲到 10 下时，秒钟上正指着

27秒。那么当敲完 *12* 下时，又会是多少秒呢？

288． 占美追珍妮

珍妮和占美正在沙滩上做游戏，珍妮说："你来追追我，看你是否追得上？"

现在珍妮走在占美前 *28* 步，她每走两步要 *1* 秒，而占美的两步，相当于她的 *3* 步，占美要多长时间，才能追上珍妮？

289． 分苹果不许切

一只盘子里放着 *5* 个苹果，分给 *5* 个孩子，每人分 *1* 个，但是，还要留 *1* 个在盘子里，并且不许把苹果切开来分。

试问，这该怎么分呢？

290． 揪出偷鱼贼

从前，有一个商人，在荷兰的阿姆斯特丹港口，向当地渔民购买了 *5000* 吨青鱼。为了防止丢失，他监督过磅，然后又亲眼看着装上船，这才放心地起锚开航。旅途中，他派专人看守盛鱼的船舱，认为这样做就能万无一失了。船经过了几十天的航程，来到了非洲赤道附近的马加的沙港停泊，准备在那儿将鱼脱手卖出去。谁知一过秤，却发现青鱼少了将近 *19* 吨。短缺的鱼到哪里去了呢？被偷是不可能的，因为轮船沿途并没有靠过岸。当时，大家都无法揭开这个秘密。那么，你能解开这个谜，揪出那个偷鱼的贼吗？

291. 4个4等于多少

下面6个算术题都是4个4，请你在数字内添上加减乘除和括号等各种不同的符号，在演算后，得出不同的答案。

$4444 = 5$

$4444 = 20$

$4444 = 24$

$4444 = 28$

$4444 = 48$

$4444 = 68$

292. 鸡鸭各多少

小敏家里养了不少鸡和鸭。

一天，王小刚问小敏："你们家有多少只鸡，多少只鸭？"

小敏回答："鸡数乘鸭数，把这个积数在镜子里一照，在镜子里看到的恰巧是我们家养的鸡和鸭的总数。"王小刚怔住了，这可该怎么算呢？

你能帮小刚算出小敏家养的鸡和鸭各有多少只吗？

293. 上楼的时间

唐小清住在大吉大厦的十二楼。自从他知道上梯级可使身体健康后，她便弃升降机不用，而日日走梯级。由一楼走到六楼，小清需用

149

40秒，假设她的步速不变，那么由六楼至十二楼亦只需40秒，但事实并不如此，你知道是什么原因吗？

294. 哪个流得快

（1）一个孔和两个孔，哪个快？

这里有两罐桔汁，其中一罐开了一个孔，另一罐紧挨着开了两个孔，竖直向下倒。你想想，哪个罐头的汁流出得快？

（2）斜着倒和竖直向下倒，哪个快？

两个同样的瓶子，里面装了同样多的水，一个瓶子斜着倒，另一个瓶子竖直向下倒，你想想，哪个瓶里的水先流完？

295. 鸡蛋放进杯

杯子上有一张卡片，卡片上有一个鸡蛋。不准用手拿鸡蛋，怎么把鸡蛋放进杯子里？

296. 车上的乘客

有一辆马车，由 A 站开始，载着 5 名乘客出发。到 B 站时，有 3 名乘客下车，2 人登车。在 C 站只有 1 名乘客上车。在 D 站则有 3 人下车，4 人登车。当马车驶离 D 市不久，便遇到印第安人的袭击，结果有 2 名乘客遇难。当到达 E 站后，车长把死者的遗体和 2 名伤者留下。随后，在没有乘客的情况下到达终点站。那么，在到达终点站时，车上共有多少名乘客呢？

297. 梯子有几级

有一座 3 层的楼房着火了，一个救火员搭了梯子爬到 3 层楼上去抢救东西。当他爬到梯子正中一级时，2 楼的窗口喷出火来，他就往下退了 3 级。等到火过去，他又爬上 7 级，这时屋顶上有一块砖掉下来，他又往后退了 2 级，幸亏砖没有打着他，他又爬上 6 级。这时他距离最高一层还有 3 级。你想想看，这梯子一共有几级？

298. 如何过关卡

相传有一个恶霸在山间唯一的一条交通要道上设了 5 道关卡，并巧立名目对过路行人进行敲诈勒索。其中有这么一条规定：凡赶带家畜者，每道关卡先扣其家畜的半数（如果所赶带的家畜数是单数，则多扣留半只），然后再退还一只。

一天，有 3 个兄弟赶着 5 只羊准备翻山到集市上去出售。当他们从过路行人那里得知上述的规定后，都很生气，又很着急。最后，聪明的大哥想了个办法，向两个弟弟嘱咐了几句话，便扬鞭赶着羊顺利地通过了 5 道关卡，结果一只羊也没损失。

试问，这兄弟 3 人到底是怎样赶着羊通过这条山路的？

299. 几个馒头

王先生为了避难，便躲到防空洞中栖身。经过一个星期后，他带来的食物就只剩下馒头。如果他现在拿出 3 个馒头的话，那么，在他手上还有多少个馒头呢？

300. 能用的子弹

3个猎人到森林里打猎，其中两个人的子弹因沾了水，不能再用，因此3人就平均分配存好的子弹。在每人射击4次后，3人所剩子弹总数和分配时每人所得的子弹相等。

试问，分配时共有多少粒能用的子弹？

301. 谁先发觉

有两座高山，中间相隔500多米。有一天晚上，在第一座高山的山顶上有3个人，1个瞎子、1个聋子，还有1个虽然不瞎不聋，可是因为太疲倦，所以躺在地上睡着了，因此既看不见，也听不见。

夜非常静，忽然，在第二座高山上有人向这边放了一枪，瞎子马上听见了"砰"的枪声；聋子虽然听不见，可是却看到了枪口上的火光；而那个睡着的人呢，他也发觉了，原来那颗枪弹恰巧擦着他的鼻尖飞过去。

当然，他们3人都发现有人放过枪了，可是你能说出他们3人之中，谁是最先发觉的人？

302. 何时一起返回

阿强、阿伍、小刘、小王4人都是海员，今年1月1日，他们同时乘不同的游轮出海，阿强要隔16星期回港一次，阿伍每隔12星期回港，小刘则隔8星期，小王也要4星期返港一次。由此可见，哪一天他们4人才可一同返港，重聚艺友之情呢？

303. 谁先返回

两个水上运动健儿在划船训练时进行比赛：一个在河里先顺流划，一个在河旁的一个平静的湖里划，两个人划的路程一样。假如在全部时间内两个划船运动员所用的力完全一样。那么，他们谁先回到出发点？

304. 智搬枕木

有枕木 15 根，排成一竖排。现在要求每次只搬 1 根枕木，把这些枕木搬成 5 个组，每组是 3 根，每次搬的时候要求跳过 3 根枕木。请你想一想，应该怎样搬？

305. 巧算年龄

假期里，初二甲班的几个同学去看望教数学的黄老师，黄老师在家里热情地接待了他们。在闲谈过程中，一个同学问："黄老师，你今年多大岁数了？"黄老师想了想说："我今年的年龄的个位数刚好等于我儿子晶晶的年龄，十位数刚好等于我女儿玲玲的年龄，同时我的年龄又刚好是晶晶和玲玲年龄乘积的两倍。请你们算一算，我的年龄是多少？"同学们一个个都兴致勃勃，演算起来，不一会儿就做出了答案。你能算出来吗？

306. 能否拉起自己

在一株很高的柿子树上结有很多红柿子，而在树的旁边有一个木牌，上面写着："请随便采摘。"

小明路过此地，不但看到这个牌子，同时还看到在其中一个树干上系着的绳轴，他很快便想到可以利用该绳轴来助他达到目的。

他先将其中一条绳绑在自己身体上，然后用双手握着绳的另一端，试着把自己拉起来。

假如小明的体重是 50 公斤，而双手的力量是 30 公斤，你觉得他可以拉起自己吗？

307. 数水果

一天晚上，刘大爷想数一数他卖剩下的 18 个桔子和梨中，有几个桔子几个梨。这时，水果都叽叽喳喳地说开了。梨子说："如果今天我们多卖出 4 个，那么我们就和桔子弟弟相等。"

"对啦，刘大爷您多给我们 4 个同伴，我们的数就和梨子哥哥一样多。"桔子说。

刘大爷说："这么说，用不着看，我想一想就知道你们各有多少了。"接着，他念道："18 除以 2 等于 9，9 减 4 等于 5，9 加 4 等于13。桔子 5 个，梨子是 13 个。"刘大爷说完，拍拍手起身要走，桔子急得喊起来："刘大爷，您算错了，我们不只 5 个呀！"

梨子也说："刘大爷，您算错了，我们没有这么多个啊！"

请你帮刘大爷算算看，究竟有几个梨和几个桔子呢？

308. 桶和油怎么分

供销社运来21桶油,其中7桶是满的,7桶是半桶,还有7桶是空的。供销社李主任说:"必须尽快将油和桶平均分给3个代销点。"并且提出为了节省时间,不许用秤,不许倒。这可真难住了大家。后来还是售货员小王想出了一个办法,顺利地解决了这个问题。你知道他是怎么分的吗?

309. 猫狗吃肉

狗和猫在树林里举行的运动会上进行200米赛跑,可跑道只有100米,所以跑到100米终点后还需折回来。按规定,谁先跑到200米终点,谁就可以吃掉放在终点线上的一大块肉。当猴子举枪发令以后,猫和狗都想争先吃到香喷喷的肉。狗一步能跑3米,猫一步只能跑2米,但猫比狗灵活,猫跑三步,狗才能跑两步。

你说狗和猫谁能吃到这块肉?

310. 汽车行了多少里

平平乘汽车经过一个地方,看到路标是15951,他觉得很有趣。这个数字的第一个数和第五个数相同,第二个和第四个相同。

汽车驶了两个小时,平平又看到路标上的数字,仍然是第一个和第五个相同,第二个和第四个相同。你知道汽车两个小时驶了多少千米?另一个路标的数字是多少?

附：答案

1. C

本题符合递推规律：第一项与第二项的差是第三项，即前两项的差是后面的一项。

2. D

本题的递推规律第一项乘以第二项的积除以2是第三项，即前两项的乘积除以2得到后一项。

3. A

$0 = (1-1)^3 + (1-1)$；$2 = (2-1)^3 + (2-1)$；

$10 = (3-1)^3 + (3-1)$；$30 = (4-1)^3 + (4-1)$；

本题的递推规律即：$x = (n-1)^3 + (n-1)$；

所以 $(5-1)^3 + (5-1) = 68$，故选A。

4. 测15分钟：把蜡烛折断，点燃蜡烛的两头，燃烧完就是15分钟。

测45分钟：把蜡烛折断，点燃半根蜡烛的一端，燃烧完后，再点燃另一半的两端，燃烧完时，就是45分钟。

5. 问题是"你来自哪一条路？"然后向所指向的一条路走去。

6. 根据上述题意可知：箱子编号分别为1号到100号，每箱取跟编号相同数目的黄金，然后称重，缺少多少钱就是多少编号的箱子不足。

7. 由题意可知：将1号罐子取一个药片，2号罐取两个药片，3号罐取3个药片，以此类推下去。然后按号称量总重量，如果比正常重量重几，那么就说明几号罐子被污染了。

8. 由题意可知：拿出4个，然后按照6的倍数和另外一人分别拿球。即：

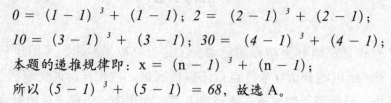

小明拿*1*个，小红拿*5*个

小明拿*2*个，小红拿*4*个

小明拿*3*个，小红拿*3*个

小明拿*4*个，小红拿*2*个

小明拿*5*个，小红拿*1*个

最终第*100*个球在小红的手上。

9.两次重合，分别是*24*点和*12*点。使用角速度，看一下分针重合时针的时候秒针的位置。

10.一共有*89*种爬法。

第*1*级：*1*种；

第*2*级：*2*种；

第*3*级：*1 + 2 = 3*种；

第*4*级：*2 + 3 = 5*种；

第*5*级：*3 + 5 = 8*种；

第*6*级：*5 + 8 = 13*种；

第*7*级：*13 + 8 = 21*种；

第*8*级：*21 + 13 = 34*种；

第*9*级：*34 + 21 = 55*种；

第*10*级：*34 + 55 = 89*种。

11.根据以上所述，此题可以应用直接推算法，从题干可以得出制成衣服的美国成本与英国成本有一定的差距。可以判断，从美国进口衣服关税要低于在英国生产成本的*10%*，因此可以得到正确答案为B。

12.由题意可知：*40 + 50 − 60 = 30*为既喜欢英语又喜欢数学，那么只喜欢英语的有*10*人，只喜欢数学的有*20*人。所以选择B。

13.正确答案：B

由题意可知：设女生人数为 $a + b$，a 为及格，b 为不及格人数。

男生为 c + d，c 为及格，d 为不及格。根据条件有 a + b>c + d（1）、b + d>a + c（2）2 式可以推出答案是 B。

14. 在两次交易中，

第一次交易，12 − 10 = 2（块）；

第二次交易，17 − 15 = 2（块）；

机会成本，17 − 10 = 7（块）；

所以此人亏损 3 块。

15. 对前三个门口的珍珠进行大小比较，对最大的一颗有一个认识，把中间的 3 个作为参考，进一步确认最大的一批的平均水平，在这 4 个中选择一个属于最大一批的，就是要找的一颗。

16. 甲和乙一起过去，乙独自回来，一共用 4 分钟；

丙和丁一起过去，甲独自回来，一共用 11 分钟；

甲和乙一起过去，用 2 分钟；

4 + 11 + 2 = 17（分钟）。

17. 首先用天平把大枣分成相等的两份，各 70 kg；

其次利用 7 kg、2 kg 两个砝码称出 9 kg；

第 3 次，利用 9 kg 大枣和 2 kg 砝码称出 11 kg；

把这两次称的打入另一个 70 kg 中。

18. （3）+（6）=（9）；

（8）−（1）=（7）；

（4）×（5）=（2）（0）。

19.

$1 \times 8 + 1 = 9$；

$12 \times 8 + 2 = 98$；

$123 \times 8 + 3 = 987$；

$1234 - 8 + 4 = 9876$；

$12345 \times 8 + 5 = 98765$；

123456×8 + 6 = 987654;

1234567×8 + 7 = 9876543;

12345678×8 + 8 = 98765432;

123456789×8 + 9 = 987654321。

20.先给8个轮胎分别标上号，每5千里就换一次轮胎，其轮胎的组合为：

1、2、3（行一万里）;

1、2、4;

1、3、4;

2、3、4;

4、5、6;

5、6、7;

5、6、8;

5、7、8;

6、7、8。

21.假设在兔子不死的情况下，则

第一月中有兔子：4只 2^2

第二月中有兔子：8只 2^3

第三月中有兔子：16只 2^4

……

第十二月中有兔子：2^{13} 只

因此，在一年后总共有8192只兔子。

22.5×5×5×5×5 + 1 = 726

23.根据题意可知：药瓶编号分别为1到10，然后在药瓶里取药，1号取10片，2号取20片，以此类推下去直到第10瓶药取100片为止。

然后用秤称量所有取出药片，缺少多少，就是哪两个瓶子含量较轻。

24. 正确答案：D

由题意可知，(1) 五个城市进行两次联赛，每次联赛只进行了四场，说明四场就分输赢了。从条件 (3)(4)(5) 我们可以知道河南赢了河北、吉林，吉林赢了山东，山东又赢了山西。否则，就不是四场结束了。然后从 (2) 项中可以推出山西第二次联赛得了冠军。

25. (1)

26. 2 只

27. 首先为药瓶编号 1、2、3。取 1 号瓶子 1g，2 号瓶子 5g，3 号瓶子 10g。一起称量重量。

1，2，3 总重量为 41

1，3，2 总重量为 36

2，1，3 总重量为 37

2，3，1 总重量为 27

3，2，1 总重量为 23

3，1，2 总重量为 28

M 类药也可以用同样的方法。

28. 由图可知：

第 1 行为 1，取数 1

第 2 行读第 1 行 1 个 1，取数 11

第 3 行读第 2 行 2 个 1，取数 21

第 4 行读第 3 行 1 个 2，1 个 1，取数 1211

第 5 行读第 4 行 1 个 1，1 个 2，2 个 1，取数 111221

第 6 行读第 5 行 3 个 1，2 个 2，1 个 1，取数 312211

因此，为：312211

29. 假如第 1 年为闰年，则第 5 年、第 9 年为闰年，共 3563 天。

假如第 2 年为闰年，则第 6 年、第 10 年为闰年，共 3563 天。

假如第 3 年为闰年，则第 7 年为闰年，共 3652 天。

假如第4年为闰年，则第8年为闰年，共3652天。

……

因此，可以得知：十年的天数可能有3653或者3652天。

30. 由题意可知：

第一题不及格的同学19人；

第二题不及格的同学9人；

第三题不及格的同学15人；

第四题不及格的同学21人；

第五题不及格的同学26人。

答错3道或3道以上者最多15位同学。所以至少85名同学及格。

31. 4m个硬币。

假设硬币半径为1；

有题设可知，不能在放进去一个新的硬币，那么在整个桌面上任意一点到离它最近的硬币的圆心的距离不大于2，把桌子分割成4个相等的小长方形，那么每个小长方形的边长都是原来的一半，因此，桌面到最近的硬币的圆心的距离小于1。m个硬币可以覆盖小长方形的桌面，因此整个桌面要4m个。

32. 2275.78125

假设各运输的返回点之间的距离依次为a、b、c、m，

各趟运输a段的耗水应由一次运输承担，它相当于把240 kg的一部分。

运到了A处，应有下面推导：

$(240 - 8a) \times a$ 应取最大值且条件为：$8a \leqslant 60$；

得出 $a = 7.5$，在A处卖水 $60 - 8a = 0$；

$(180 - 6b) \times (7.5 + b)$ 应取最大值且满足条件：$6b \leqslant 60$；

得出 $b = 10$ 在B处卖水 $60 - 6b = 0$；

$(120 - 4c) \times (17.5 + c)$ 应取最大值且满足条件：$4c \leqslant 60$；

得出 c = 6.25 在 C 处卖水 60 − 4c = 35；

(60 − 2m) × (23.75 + m) 应取最大值且满足条件：2m ≤ 60；

得出 m = 3.125 在 m 处卖水 60 − 2m = 53.75

所以：53.75 × (3.125 + 6.25 + 10 + 7.5) + 35 × (6.25 + 10 + 7.5) = 2275.78125。

33. 最后小强比小明多挑2块，即小明挑 (26 − 2) /2 = 12 块。

26 − (12 + 5) = 9

9 × 2 = 18

26 − 18 = 8

8 × 2 = 16

最初小明准备挑16块。

34. 刘明说：如果我不知道的话，柴强肯定也不知道。可以推断出肯定不是12月和6月，因为7日和2日不重复。

柴强说：本来我也不知道，但是现在我知道了。

可知是9月1日，或是3月4日，或3月8日，因为5日在3月和9月中重复。

如果是3月的话，柴强知道后，刘明也不会知道是哪天，因为3月的有3月4日和3月8日的两种可能，所以是9月，即答案是9月1日。

35. 2464 种

36. 由题意可知：10 + 11 + 12 + 13 + 14 + 15 + 16 + 17 + 18 + 19 + 20 + 21 + 22 + 23 = 198

198/30 = 6 余 18

站在第18号位置的孩子。

37. 由题意可知：银币20分，镍10分，混合币15分。将三个盒子分别编号为1，2，3。每个标签错误的方法只有两个：2，3，1 或 3，1，2，然后在标签为15分的盒子里面，取出一个硬币。假如小红取的是银币，则15分的为银币盒子，10分的为混合币盒子，15分为镍币。假如小红取的是镍币，则 15 分的为镍币盒子，10 分的为银币盒子，10 分为银币。

38. 至少需要 4 架飞机。

由题意可知：假设需要三架飞机，编号为 1，2，3。三架飞机同时起飞，飞到 1/8 圈处，1 号飞机给 2 号、3 号，飞机各加上 1/8 圈的油，刚好飞回原来的机场，此时 1 号，2 号满油，继续前飞；等飞到 2/8 圈的时候，这时 2 号飞机给 1 号飞机加油 1/8 圈油量，刚好飞回原地，如果 3 号飞机满油，继续向前飞行，到达 6/8 地点的时候无油；这时要重复 2 号和 3 号飞机的送油。3 号飞机反方向飞行到 1/6 圈时，再加油 1/6 圈给 2 号飞机，2 号飞机向前飞行 X 圈，则 3 号飞机可向前继续送油，1/6 − 2X 圈。此时 3 号飞机刚好飞回，2 号满油。当 X = 1/6 − 2X 之时才能获得最大，X = 1/18

1/6 + 1/18 = 2/9，少于 1/4。所以不能完成。

以此类推，当为 4 架时，恰好满足条件。

39. 这是一道推理加计算的题目，只要上海青或只要豌豆的人有 18 − 6 = 12 人，因此只要豌豆的有 12/3×2 = 8 人，而只要上海青的有 12 − 8 = 4 人。

要黄瓜和豌豆两种菜的有 8 + 2 = 10 人。只要黄瓜和只要豌豆的人有 25 − 10 = 15 人，因此只要黄瓜的有 15 − 8 = 7 人。只要上海青或只要黄瓜的有 4 + 7 = 11 人，因此要上海青和黄瓜两种菜的人有 13 − 11 = 2 人。

于是，我们可以得出结论：只要上海青的有 4 人；只要黄瓜的有 7 人；只要豌豆的有 8 人；要上海青和豌豆两种菜的有 6 人；要黄瓜和豌豆两种菜的有 10 人；要上海青和黄瓜两种菜的人有 2 人；那么三种菜都要的人就有 51 − 8 − 4 − 7 − 6 − 10 − 2 = 14 人。

40. 假设出沙漠时有 1000 颗棵白菜，那么在出沙漠之前一定不只有 1000 颗白菜，这至少要驮两次才会出沙漠，意思就是说从出发的地方到沙漠的边际都会有往返的里程，这样所走的路程将大于3000公里，因此最后能卖出白菜的数量一定是小于1000颗的。

根据分析，在走到某一个地点的时候白菜的总数会恰好是1000颗。

因为驴每次最多驮1000颗白菜，为了最大限度地利用驴，第一次卸下的地点应该是使白菜的数量为2000的地点。

因为刚开始有3000颗白菜，驴必须要驮三次，设驴走X公里第一次卸下白菜。

则：$5X = 1000$（吃白菜的数量，就是等于所行走的公里数）

$X = 200$，也就是说第一次只走200公里

验算：驴驮1000颗白菜走200公里时剩800颗，卸下600颗，返回出发地。

经过前两次就累积了1200颗白菜，第三次不用返回则剩800颗，则总共是2000颗白菜了。

第二次驴只需要驮两次，设驴走Y公里第二次卸下白菜。

则：$3Y = 1000$，$Y = 333.3$

验算：驴驮1000颗走333.3公里时剩667颗，卸下334颗，返回第一次卸下白菜的地点。

第二次在路中会吃掉334颗白菜，到第二次卸下白菜的地点是加上卸下的334颗，刚好是1000颗。因此，总共所走的里程是：$333.3 + 200 = 533.3$公里，而余下的466.7公里只需要吃466颗白菜。

由此可以卖白菜的数量就是$1000 - 466 = 534$颗。

41. 假如说把一头牛在一天内所吃的草当作1，那么就有：

（1）26头牛6天所吃的牧草为：$26 \times 6 = 156$（注：156含有原有牧场的草和6天新长的草。）

（2）21头牛9天所吃的牧草为：$21 \times 9 = 189$（注：189含有原有牧场的草和9天新长的草。）

（3）1天新长的草为：$(189 - 156) \div (9 - 6) = 11$

(4) 牧场上原有的草为：26×6 − 11×6 ＝ 90

(5) 每天新生的草可以让11头牛吃，21头牛减去11头，剩下10头吃原牧场的草：90÷（21 − 11）＝ 72÷6 ＝ 9（天）

42.轮胎是高压储气瓶的一种。

A车内空气（氧）不足，A遂窒息死亡。

B车与A车同车种，所以车内的空气量相同。但这位男性驾驶员撬开车门，勉强挤出车外，进入车体下，扭松轮胎的管路，放出轮胎内堆积的高压空气。如此一来，就算封闭在雪中，也能得到氧气补给，不会窒息死亡。

车子有4个轮胎，吸收4个轮胎的空气，可以维持一小时的生命。

43.人死身体会很快僵硬，拿枪的手指因抽搐回屈而触动扳机，打响了第二枪。

44.如果独角龙说的是实话，那么三眼蛇、九尾狐说的也不错。但只有一个人说实话，可见独角龙、三眼蛇、九尾狐都是假话，只有五角狼说的是实话，三眼蛇是头。

45.电话机处于通话状态而小偷被暴露了。小偷在按门铃时，那个女郎正在和朋友通电话，她说："请稍候。"这句话是对电话中的朋友说的，因此她的训斥和搏斗声通过话筒传到朋友那里，她的朋友马上报警。

46.公寓院子里的柿子还未熟透。

正常人没道理故意摘下青涩的柿子吃。

哥哥当时没有想到要区分甜柿与涩柿。如果削皮时尝一口，就不致留下破绽了。

47.化妆师给杀人犯整容的新面孔，是另外一个通缉犯人。

48.在密封的浴室里，热水会使镜子蒙上水气，根本看不清人脸，由此可见是小姐瞎说，企图诈骗钱财。

49.凶器是大立钟的长针。凶手作案后，擦掉血迹又安了回去。

50. 凶手在楼顶上搭起一块木板，在上面做了手脚，让自己离开现场后尸体再掉下楼去，以制造"自杀"的假象。

凶手用冰做了两个底座放于木板一端的下面，这样冰不久就会融化，木板也就倾斜了。

当然，冰融化需要时间，所以凶手打开水龙头放水，以便使冰尽快融化，同时也隐蔽了用冰的事实。

51. 窃贼把钻石绑在鸽子身上从厕所的通气窗放出，这样他身上肯定留有鸽子的羽毛或气味。

52. 凶器是单杠。

请仔细看一下校园中，能作为杀人凶器的只有"单杠"。

警卫是在巡视校园时，在单杠附近遭此人袭击的。也就是说，袭击警卫的人是将警卫的头撞到单杠上致其死亡的。

就凶器而言，并不只是能带走的东西。

53. 凶手是早有预谋的，他把醉得不省人事的小姐扶放在床上，把事前准备好的冰吊在窗外。待冰融化后，吊灯就会坠下，砸死躺在床上的小姐。

54. 富豪先用橡皮筋缚着手枪扳机，利用橡皮筋的弹力将手枪弹出窗外，再用蜡烛烧橡皮筋伪装成他杀。原来富豪濒于破产，死前又曾购下巨额保险，才会出此下策。

55. 那个女士根本不是死在自己家里的。死者到画家家中去，出于某种原因，画家将死者杀害，而当时的时间是下午3点左右。大约过了两三个钟头后，画家看雪停了，就把尸体运回女士的住所，因此画家的足迹，事实上就是凶手的足迹。

另一方面，画家的身材描写并没有强调他是肥胖的人，可见体重应在标准范围内，不可能在厚厚的积雪上留下如此深度的脚印，因此一定带了什么重物去死者家。而死者的体重加上凶手的体重，正好印出雪地上的足印。

56. 犯人是中村妙子。

被害人是占卜师，所以在桃太郎饰品之旁摆了猴、狗、雉鸡，视为12支，亦即申、酉、戌、亥十二支反算，22岁（虚岁是23岁）的中村妙子为酉年生，所以被害人死前握住雉鸡，为警方留下线索。

57. 被害者临死前挣扎着用手指在浴缸的外壁写下了凶手的名字。当蒸汽再度弥漫时，经手指"写"过的地方，字就会重新"出现"痕迹了。

58. 在店里吃的是无毒的兔头豚。

"什么？这不是兔头豚吗？这间店怎么会拿出这种骗人的料理？"

刑警看了丢在垃圾桶内的河豚头，不屑地说道。

下关警察当然能够分辨河豚。

"前几天，海上起了大风暴，无法捕到东方豚与虫纹东方豚，正好这种兔头豚适时出现。而我们也以半价优待顾客啊。"

厨师回答。

通常，被当成河豚料理材料的包括东方豚、乌豚、虫纹东方豚、潮前豚等4种，其中最美味的是东方豚。

河豚因种类不同，可食用的部分也不同。例如，东方豚只有身、皮、鱼精可以做料理，卵巢、胃肠、肝脏、颈部则禁止食用，甚至必须指定丢弃的场所。

河豚毒素是指会使神经麻痹的 tetrodotoxin，其毒素是氰酸钾的数百倍。但兔头豚就连内脏都没有毒，即使吃下1千克也没关系。

根据厨师所言，此事件应该是一起前来同餐的3人当中，某人偷偷将河豚毒素加在被害人的沾酱碟子里引发的凶杀案，因为这种毒素很容易与水溶解。

59. 其实，男士并没有下错车，是侦探故意这样说的。因为男士说他拿错了提箱，照理，他应该赶快回到车厢拿自己的提箱，但他却直接往出口走，显然他是偷提箱的贼。

60. 大侦探观察到有一个"管理员"正独自在喂犀牛食肉，而众所周知犀牛是食草性动物，所以断定他就是窃贼伪装的。

61.是住在6号的山本一郎。"正一"是表示笔画数的"6"，不是"正"和"一"。

62.死者的哥哥，首先在冰块的中心放入透明的毒药，其次放入酒杯内，在他先喝时，由于冰块尚未溶解，所以不会受影响，故弟弟喝后便中毒身亡。

63.周波数不同之故。

在静冈所使用的电动计时器，就这么拿到热海使用，会导致失败。

日本的电流，以太平洋侧的富士川、日本海侧的幺鱼川为界，电流周波数（赫兹）不同：东为50赫兹，西为60赫兹，热海在富士川以东，为50赫兹。

赫兹数不同与明亮度及热量无关，但会使有马达的电器用品混乱。

在60赫兹地区使用的计时器，拿到50赫兹地区使用，1小时约慢10分钟。

64.青年人声称他昨天刚刚刮去了长了几个月的络腮胡子，但他面孔黝黑，下巴呈古铜色。如果他真的在阳光下呆了数月而未刮胡子，那长胡子的地方看上去就应显得白净些。

65.大野教授被施用了催眠术。

森屋教授执教的"临床心理学"是解决适应人的环境问题的心理学的一个领域。在临床心理学上，应用催眠疗法解决心理性问题是常有的事。

森屋教授正是利用了他所擅长的疗法进行作案的。但是，对于像大野教授那样的对手，催眠术是难以奏效的。而如果是做学术报告刚刚回来，身体处于疲劳状态的话，那又另当别论了。

森屋教授是这样对大野教授施用催眠术的：

"你，现在在13楼，我唱'像静静躺在白白的雪上一样安睡'，然后一拍手，你就从13楼的窗户跳出去。"

他事先用催眠术施以这种暗示之后，有意让偶尔打此路过的丽子作见证人，然后付诸行动。

大野教授在这种暗示的驱使下，深信自己是从13楼跳下来的，这足以使教授脆弱的心脏停止跳动。

66. 在店铺里展示一只耳环。

耳环要一对才有价值。所以珠宝店主决定在店内只展示耳环中的一只，另一只妥善保管。这样一来，万一窃贼潜入店内，见只有一只耳环肯定会不知所措，而要找另一只就要颇费些工夫。

67. 当然没有真的幽灵，而是一场阴谋。原来，由于传说这所屋藏有大量珠宝，有人正在悄悄地寻找。而正在这时，这所古屋被出售，工人要进去整修。为了使寻宝不受工人的干扰，躲在里面的寻宝者便假扮幽灵吓人，以此使别人不敢冒然进去。他先穿上又宽又长的大袍，脸用毛巾包起来，然后全身涂上磷。因为磷的燃点很低，在一般室温中也会燃烧，发出蓝白色的火光，但磷火温度不高，不会烧伤人。就这样他站在椅子上，又宽又长的长袍将椅子遮住，乍一眼看像个巨人，为了使自己的形象更为恐怖，同时又为了防止别人伤到自己，他便利用客厅里的镜子。也就是说，他并没有在客厅里，而是站在客厅转弯外的平台上。由于正对着大镜子，他的形象便从镜子里反射出来。所以，当道森教授抓起椅子砸碎镜子后，幽灵便不见了，而道森教授也已明白，这是有人在装神弄鬼。

68.

（1）如果4个人中只有一个人说假话，那么罪犯是丙。

推理过程：首先假设4个人中的某一人说假话，看看在这种情况下，4个人的话是否矛盾，能否同时成立。如果同时成立。也就能确定谁是罪犯了；如不能同时成立，则假设另一人说假话，依次类推。

当我们假设丙说假话时，甲不可能是犯罪嫌疑人，而乙则证明丙是犯罪嫌疑人，丁也不是犯罪嫌疑人，4个人的话并不互相矛盾，可以同时成立。从而根据乙的话，可以确定丙是犯罪嫌疑人。而分析假设3人说假话时，都会产生矛盾，则无法确定真正的犯罪嫌疑人是谁。

（2）如果4个人中只有一人说真话，那么犯罪嫌疑人是甲。推理过程同上。

69. 如果真的烧水洗澡，烟囱上的雪会化掉。

70. 这妇人打扮的人是小孩子的父亲。当列车员问他"小孩是你的孩子吗？"时，小孩点点头，表明不是拐来的孩子。

71. 其实，毕加索的原画在大河厘赶到美术馆时还原封不动地放在原处，只不过是在原作上面被贴了一层赝品。不知其中情况的大河厘便将这幅画连框一起交保安人员去销毁。

其实，那个保安人员就是窃贼。在真品上面贴上赝品的无疑也是此人，而且也是他装作处理假画的样子成功地将画带了出去。

72. 那天无风，两列车的冒烟方向相同，都倒向东方号列车车尾方向，可见两列车行驶方向是一致的。而且，前面列车的烟倒得更厉害，说明行驶得更快，所以两列车不会相撞。

73. 那位富翁遗孀将保险箱密码教给了那对善于模仿人说话的鹦鹉。

74. 哈里斯的右耳是聋的，在通话时应该把听筒放在左耳上。如果是边喝威士忌边讲话的话，应该右手拿着玻璃杯，左手拿着听筒才合乎常理。然而，玻璃杯上却是右手的指纹，电话筒上是左手的指纹，完全不合情理。

008从搜查人员那里听到了这些情况，立刻断定特尔少校是杀人犯，识破了他不在现场的伪装。

75. 由于车子在发动时，前轮比后轮更易于偏向外侧。根据现场残存的车轮痕迹，前轮会顺着后轮的痕迹行驶。当车子后退行驶时，稍不注意就会碰损车子后部的，由此可知，车身后部被碰损的车子的司机就是车祸的肇事者。

76.男士和女士是合谋作案的。男士趁售货员不注意之机吐出口香糖，将古钱藏在柜台面板下。女士则用纱巾作掩护，企图包走古钱。

77.007发射出的子弹打中阿诺间谍左胸处的口袋，而费尽心机要找的缩微胶卷就藏在此口袋里，这样一来，就使缩微胶卷成了废物。

78.引起无名之火的原因，就是脸上滴下的水珠。由于水珠滴在玻璃表面，再经日光照射，水珠因表面张力的原故而变成半球形，因此具有凸透镜的作用，透过水珠的日光照射所集中的焦点，正好是在玻璃板下的稿纸上，因此引起火灾。

79.如果仔细看看树根，你就会发觉年轮的间隔不同。一般来说，树的年轮纹理间隔疏的为南，反之为北。这是因为南侧经常沐浴阳光，也正是这个原因，树木的生长才快。

喜欢登山的秋子注意到这点，并从树根上马上判断出了方向。觉得午后可能有雨，是从天空的卷层云判断出的。因此，只要有知识和冷静的观察力，即使在深山中遇难，也是有可能死里逃生的。

80.只要凶手是一位使用长鞭能手，就可以距离平台五六尺之遥，利用长鞭把人勒死。

81.霍克拉用冰制成了一把尖刀，趁王子睡觉时刺死了他。冰刀用完后，扔到温水中化掉了。

82.将钟的分针向右转动一圈半，如果盘上的日历跳字说明是晚上，不跳字则是上午。

83.美奈子临终留下的话并不是说"杀我的是（我的）哥哥"，而是说"（你的）哥哥"。也就是说凶手不是美奈子的哥哥良雄，而是床子的哥哥。

据事后的调查得知，床子不在家时，其兄义彦偶然来看妹妹，与美奈子发生争吵，使用随身携带来的登山小刀杀了美奈子。

84.从心理分析，逃犯摆脱追捕时间越早越好，所以应是2层。4和6层亮灯是他故意布置的疑阵。

85. 名侦探克莱手上的纸包，里面装的原来是马粪，因为马粪与牛粪的区别一眼就能分辨出来，所以盗牛贼将马蹄换成牛蹄，但是却不能让马拉出牛粪。

86. 现场的便携式电脑的电源插销没插。这也就是说用的是内存电池，但是就当时的技术，不用外接电源机器可连续工作两天以上是不可能的。

大概是犯罪嫌疑人预先将掺有毒物的葡萄酒送给松木，估摸着松木喝酒已中毒死亡时再潜入别墅，用自带的软盘调出遗书留在画面，时间恐怕也就是尸体被发现的数小时前。键盘上所以没留下除死者外其他人的指纹，是因为软盘是犯罪嫌疑人自己带来的，只用调出功能将文件调出即可。

如果这样，戴上手套只按几个键就可以了，指纹也不会留在上面，而其他键上的指纹都是松木自己留下的。

87. 610—105，在计算机上显示的即是：505，这是国际通用的呼救信号 SOS。

88. 据题意，犯罪嫌疑人的逃跑路线可能有六个：①右、左、前；②右、前、左；③左、右、前；④左、前、右；⑤前、右、左；⑥前、左、右。经推理只能采取第③条路线，即过第一座桥后向左，过第二座桥后向右，过了第三座桥后向前逃跑。

89. 反字经过二次重映（从这面镜子映出另一面镜子）仍是反字，左手持刀，在另一面镜子看仍是左手持刀。

90. 窗户上着锁，门也挂着链进不来人，即使如此也不能说是"密室"，因为上着门链的门如果不锁照样能开 7～8 厘米的缝。犯罪嫌疑人就是利用这个空间作的案。

那一天，绿子因还不上债不得不将自己心爱的项链抵押给小百合，小百合嘴上说可惜，但还是贪婪地收下了。绿子一时生起杀人的恶念。

91. 盲人的听觉一般说来比较敏锐，他是利用了声乐原理。大座

172

钟前站着人，挡住了大钟，改变了他以往感觉较强的音响，因此他判定窃贼在座钟前。

92.凶手将手枪口放在猫眼上，当山本看时扣动扳机。

93.4号的钟表店职员。因为"｜｜｜｜"这种记号是14世纪时特有的，当时的法国国王查理五世下令不准用Ⅳ，他认为这含有侮辱的意思，从此Ⅳ必须写成｜｜｜｜。精通历史的被害者，是为了留下确实线索，才做这样的记号。

94.理发师不能自己为自己理发。列车上只有两个理发师，而且列车行驶时间很长，他们两位理发师得互相为对方理发，所以，头发齐整，表明对方手艺好。相反，则对方手艺差。

95.凶手是倒退着离开现场的。现场所留下的高跟鞋的印迹，好像是来时的，实际上是凶手逃走时留下的。她在这里耍了一个小小的伎俩。既在暴雨降临之前，或正在下暴雨的时候，来到作案现场，在雨中一直等到被害者来临。这样，她来时的足迹就被暴雨冲刷得一干二净，消失得无影无踪了。

96.悦子选择了向外开启的易拉罐。

现在，罐装饮料的瓶口开启方式有两种，一种是押入罐中，一种是向外开。日本的啤酒及饮料大多是押入型的，所以如将毒涂在上面，一开罐毒就会掺入饮料中。

悦子避开了这种押入式而选择了向外开启的一罐饮料。

97.不是小毛毛强词夺理，而是麦秆儿的推理不合逻辑。正确的是这样的：天气好，小毛毛出去旅行；天气不好，有两种可能，一种是去，一种是不去。结果天下雨了，小毛毛选择了第一种可能性，所以他根本没有说话不算话。

98.刀上沾上血，不管是新买的，还是擦干净了的，总会留下一点痕迹。因为血液中有铁元素，当在火上烤过之后，铁会分解出来，使刀呈现青色的痕迹，由此可见是丁丁用这把刀杀了鸽子。

99. 这个跛脚老人，利用干冰的特性悬梁自杀。因为干冰硬，所以撑住纸箱不易下陷，又因为它有汽化的特性，当尸体被人发现时，干冰早已随风汽化，而现场又不会留下任何痕迹。

100. 阿西是凶手。因为阿田是色盲，不可能将红绿鞋一双不错地摆齐。

101. 报案者说他看到死者的书房窗口，有高举木棒的人影，即证明了他在说谎。因台灯在书和窗口之间，不可能把站在死者身后的凶手影子，照在窗帘上。

102. 死者晚9时被杀时，手表并没有弄湿，指针仍继续转动，次日被犯罪嫌疑人推入大海时，手表指针才停在1时15分。

103. 是被同伙背着跑掉的。

104. 郭老太太玩了个小骗术，原来她有一封"写给"乾隆皇帝的信，因某种原因，一直没有寄出。

105. 因为学者若是自杀的话，遗书须在开枪前写好，而不可能死后还握着笔写遗书，也绝不可能用左手开枪射自己的太阳穴。

106. 人是不能吸入纯氧气的。如果吸入大量纯氧，会导致氧中毒。

107. 卖油的佐助。

他虽然对尸体合掌念南无阿弥陀佛，但倒下的姑娘颈上戴的是身延山的护身符，可见她信仰的是日莲宗。如果佐助和姑娘是姊弟，当然教旨也相同，就该念南无妙法莲华经，而非南无阿弥陀佛。

念南无阿弥陀佛的是净土宗或真宗。

108. 利用与死者同血型的血液，经过急冻，变成了固体后，再做成子弹头。

109. 使用投球机。

藏在挡球网后方的是投球机。

犯罪嫌疑人事先准备了投球机，在下雨的晚间10点左右，与被害人相约在投手板处见面。被害人依约前往，犯人便以他的头为目标，

174

以投球机发射球。球命中头部，被害人脑震荡倒地死亡。

如此一来，即可在下雨的内野运动场上，不留足迹地杀死被害人。

但是，在完全黑暗的夜晚，犯罪嫌疑人如何能一发命中被害人的头部呢？

事实上，被害人站在投手踏板上等待时，一直吸着烟，香烟火即成了目标，犯人依此设定投球机。尸体旁的烟蒂就是证据。

110. 凶手是第一位陈述者，戴利。原因是死者外出时均由他妻子从房间内把门锁上，显然戴利所说与事实不符合。

111. 一般棉花纤维表面有一层薄薄的油脂，能浮在水面，而医用棉花则需把这层油脂去除掉，以利吸收药液。所以，只要把该团棉花放在水里，视其浮沉状况，就能判断凶手是谁。

112. 从短文看来，约翰的哥哥不一定是病人，很可能是医生。

113. 她丈夫把煤气的橡胶管折起放在水池里，上面压块冰，打开煤气开关，等冰化后，橡胶管弹直，毒死美娜，而他又不在现场。

114. 狗链可束成一团向人脑后打去，足可以使人致命。

115. 那小偷事先准备好写了地址、姓名的信封，行窃时，以迅速的动作，把钱装在信封袋内，然后投入邮筒寄出，那样小偷可以轻轻松松地回家，等待钞票寄回手上。

116. 侦察人员从镜中看到的日历是反字，因此断定蒙面人不是左撇子。

117.

A——服装店

B——眼镜店

C——冻肉店

D——发型屋

118. 肯定炸药是藏在与塔尖有关的地方，列车和塔尖通过什么关联呢？是影子。可见"××"二字是"影子"。在塔尖影子处，即车厢天窗外，一查果然在那里发现了炸药。

119. 犯罪嫌疑人是男同性恋酒吧服务生高林正夫。

因为被害人是广岛大学畜产系学生，所以了解牡蛎是雌雄同体的生物。于是灵机一动，抓起牡蛎，暗示犯人就是高林正夫。

所谓雌雄同体，就是动物在正常状态下，一个个体中有雌、雄两方的生殖巢（卵、精子）。

牡蛎会随着时间变雌或雄。

120. 银簪发黑便是证据。患皮肤病的幸吉的手因涂硫磺剂进行治疗，再用涂药的手握银簪时，银簪的柄就发黑。这是银接触硫磺后发生的化学反应。

121. 流浪汉华德所听到的悲鸣声，其实是由沙展所发出的，他模仿女童的悲鸣，迫使凶手俯首认罪。

122. 药水证明太吉说谎。

经过一小时搜证后，回到太吉的住处，钱无平次发现原本置于枕边的药水还是呈现白色混浊状态，于是拆穿了太吉的谎言。为什么呢？

此药水一旦呈现白浊状态，要再恢复白色的沉淀物状态，得经一小时以上。

最初，平次到达太吉告知的犯罪现场时，药水已经清澈，瓶底出现了白色沉淀物。

这么说来，此药水是在一小时之前就置于枕头边了。

"刚刚回来。"这句太吉的证词显然是谎言。

123. 案件发生在冬春之交的早晨。你仔细观察一下阿勇的房间外，一看因寒冷而结的冰溜子你就明白了。

凶手以为阿勇家里没有人便溜了进来，没想到同刚从浴室出来的阿勇撞了个满怀。慌乱中的凶手忙从窗外屋檐下抓过冰溜子，对准阿勇的心脏刺了进去。

那么，凶器冰溜子是如何处理的呢？或许是放到浴缸中溶化后，然后再将水放掉。

*124.*由蜡烛上端的熔解部分从水平状来看，船在触礁而倾斜时，蜡烛还正在燃烧着。海水的涨潮与退潮，其间总隔6个小时，这艘船被发现的时间是上午9点左右，此时恰好刚退潮，由此可知，此次退潮到上一次退潮，期间只潮涨一次，依此推论船是在昨晚9点左右触礁倾斜，凶手也是在此刻动手的，倘若凶手是在涨潮之时进入船舱，然后吹熄蜡烛作案的话，那么蜡烛上端熔解的部分，一定和船体倾斜的状态成同样平行才对。

*125.*是患糖尿病的人干的，因为糖尿病患者手上的汗也含有糖分，糖又能引来蚂蚁。

*126.*冰柱。作案后，他将冰柱吃了。

*127.*凶手就是那个推销员。因为推销员不会叼着香烟上门推销商品的，那是对客人的最起码礼貌。因此，门外的那支抽了一两口的香烟蒂，应是推销员弃置的，亦表示推销员曾到过死者家里，因发生争执而将死者杀害。

*128.*由于杜芙是芭蕾舞教师，因此案发当日，一定是穿着芭蕾舞鞋，利用脚尖走路的方法来到网球场，然后将死者杀害，再坐在尸体上换回高跟鞋，顺着现场遗留下的芭蕾舞鞋的鞋迹走回去。

*129.*是实习医生，因为农民不懂得海洛因的化学分子。

*130.*玛黛小姐利用花的隐喻，指出凶手就是死者的密友。因为大丽花含有背叛的意思。凶手恨死者出卖他，所以采取如此报复手段。

*131.*在慌乱中，管理员把推拉窗户左右两扇关错了。犯罪嫌疑人应叫"村茂山和"。

*132.*凶器是笛子。

"太吉，逮捕那个家伙。"

"遵命。小少爷，束手就擒吧？"

太吉听到银次的命令，逮捕了在木架上吹笛子伴奏的布料行的小开。

他塞住笛子的孔，当成吹箭筒，以小春为目标发射毒箭。

133.原来，垂死的警员说的"开关……米勒"并不是指米勒的画像，而是指钢琴键上的两个音符。按下钢琴3、2两个键盘后，秘密地道的门自然打开。

134.是万主任监守自盗。因为急驶的火车内气压高，一开窗，较轻的纸会被"吹"到车外。

135.罪犯将氯化钠替换了氢氧化钠，氯化钠电解后会产生氯气。

136.其实没有指纹的人，在世上根本没有。这个女老千绝对不是个没有指纹的人。但是，她为怕留下指纹，会为自己带来麻烦，所以在指尖上涂上了无色透明的指甲油，这么一来，纵是手拿酒杯，也不会留下任何指纹。

137.经理正在打电话，枪声和喊叫声通过电话传出。

138.小镇地方不大，警车3个小时广播都听不到，那么这个人一定是聋人了。

139.从脚印可以看到穿和服的日本人进屋里时，都是习惯脱鞋的，而只穿特别的袜子。

140.答案：桔子是180只，苹果是360只。

141.答案：5050。

142.答案：4次。

143.答案：5只鸡。

144.答案：苏东坡钓了1条鱼。

145.答案：左边取胜。

146.答案：文秀才、祝秀才、丁秀才各拿10两银子还给唐伯虎就行了，这样只动用了30两银子。如果按顺序还，要动用100两银子。

147.答案：米老鼠胜利。

148.答案：将遗产分为7等份，儿子拿4份，女儿拿1份，母亲拿2份。

149.答案：137个军营，397个士兵。

150. 答案：从第一层到第九层依次为：16、15、14、13、12、11、10、9、8。

151. 答案：原有酒 7/8 斗。

152. 答案：48 个星期，他们在 12 月 2 日聚会。

153. 答案：19 瓶。

154. 答案：28 天。

155. 答案：张飞亏了 8 两银子。

156. 答案：31 场比拼。

157. 答案：单峰驼 7 头，双峰驼 8 头。

158. 答案：120 名士兵。

159. 答案：285311670611，也就 11 的 11 次方。

160. 答案：解决这个谜题主要的关键在于，死后所经过的时间。

这也就是，在四个小时前，凶案发生的时候，正是在涨潮。海水一直拍打到凶案现场。

而凶手在被害者靠近水边时，将他杀害。然后就走在水上或游泳而去。

因此，在退潮了之后，当然是不会留下任何足迹。到现场时，凶手也是使用相同的办法。

161. 答案：(1) 公鹅 4 只，母鹅 18 只，小鹅 78 只。 (2) 公鹅 8 只，母鹅 11 只，小鹅 81 只。 (3) 公鹅 12 只，母鹅 4 只，小鹅 84 只。

162. 答案：108 颗。

163. 答案：30 吨。

164. 答案：30 根。

165. 答案：20%。

166. 答案：19 只鹅，每只鹅每天吃 17 条蚯蚓。

167. 答案：相等。

168. 答案：4500 首诗。

169. 答案：(1) 如果是偶数，左手就是奇数 (5 两)；(2) 如是奇数，左手就是偶数（2两）。

170.答案：每轮结束抢报3的倍数（3、6、9…30），让杜甫先报数。

171.答案：45平方分米。

172.答案：6名。

173.答案：6名。

174.答案：6支。

175.答案：$1 + 2 + 4 + 8 + \cdots\cdots + 215 = 3276$元8角。

176.答案：高斯修桌子锯了5根，修椅子锯了1根，共6根，锯了5次，共损耗2.5厘米。$43 \times 5 + 37 + 2.5 = 254.5$厘米。没有余料，最节省。

177.答案：110岁。这里采用的是五进位制记数。

178.答案：把它们排成一行后，按顺序把7放在10上，把5放在2上，把3放在8上，1放在4上，9放在6上，这样成了2、4、6、8、10五堆排列。

179.答案：5米。

180.答案：1841年。

181.答案：大斧头24把，小斧头48把。

182.答案：大西瓜11钱，巧克力0.5元1个。

183.答案：300公里。

184.答案：唐老鸭。唐老鸭骑完全程需要2小时24分钟，但米老鼠需要2小时30分钟。

185.答案：大本书3元一本，小本书1元一本。

186.答案：180米。

187.答案：两条折痕相距1厘米。

188.答案：3的21次方。

189.答案：6561个。

190.答案：左手笼子有3只狼5只鹰，右手笼子有4只狼3只鹰。

191.答案：刀15把，剑3把，枪2把。

192. 答案：大象 9 头，单峰骆驼 7 头，双峰骆驼 8 头。

193. 答案：16 人。

194. 答案：大将 1 人，中将 3 人，上将 10 人。

195. 答案：98 把。

196. 答案：25 块牛肉。

197. 答案：10 支。

198. 答案：阿凡提 43 元，阿里巴巴 21 元。

199. 答案：唐老鸭 93.4 斤，史努比 95.2 斤，米老鼠 89 斤。

200. 答案：1.97 公斤米。

201. 答案：那人说："我不缺钱。我是来这里做生意的，你们城里有什么地方可用 5 块钱停三天车的！？"

202. 答案：全幢大楼共有 7 层，每一层楼面上的顾客要到其余六层楼楼面去，就相当于提出了六种"乘梯要求"，7 层楼面就有 42 种要求（$6 \times 7 = 42$）。可是从第一层上升到第二层的要求，同第二层下降到第一层的要求可以由同一架电梯来完成，因此这两种要求，实际上属于同一种要求。推而广之，上述 42 种要求，只有一半，即 21 种不同的要求。由于每架电梯允许停靠三个楼面，所以每架电梯就能解决 3 种要求，21 种要求只要 7 架电梯（$21 \div 3 = 7$）就能全部解决了。

203. 答案：小青带 9 元 8 角钱，用去 4 元 9 角，剩下 4 元 9 角。

204. 答案：老板标价的方法是每个字 5 元，所以连衣裙是 15 元。

205. 答案：32 号运动员最后离开队伍。

206. 答案：楚人见一头鹿的价钱与千斤粮食相同，便纷纷制作猎具，奔往深山捕鹿，不再好好种田了。连楚国的官兵也陆续将兵器换成了猎具，偷偷上山了。一年之后，楚国的铜币堆成了山，但粮食严重短缺，出现了严重的饥荒。楚人想用铜币去买粮食，却无处可买。因为管仲早已发出号令，禁止诸侯与楚通商。这么一来，楚军人饥马瘦，战斗力大大下降。管仲见时机已到，集合八路诸侯大军，浩浩荡荡，开往楚境，势如破竹。楚成王内外交困，无可奈何，忙派大臣求和，同意不再割据一方，欺凌小国，保证接受齐国的号令。

207. 答案：小白兔估计错了。因为有1封信装错，必然导致其余3封信中至少有1封不能对应，这与小白兔的估计是不符合的。

208. 答案：分别称一下重量，最重的面积最大，最轻的面积最小。

209. 答案：4个就可配到相同颜色的乒乓球，3个就不行了，因为还有一个机会，就是摸出3个不同颜色的乒乓球。

210. 答案：一个柚子等于5个苹果的重量。

211. 答案：它们买的贺卡一样贵，都是6角钱1张。

212. 答案：娟娟说："根据这两种车的时间特点，碰上哪种车就坐哪种车，反正票价都相同，乘哪种车都一样。"

213. 答案：小熊说得对。袜子本身有袜口，把袜口算进去，正好12个洞。

214. 答案：蜻蜓组拥有成员7名；蜜蜂组拥有成员6名；蜘蛛组拥有成员5名。

215. 答案：5个。因为老师问的是有折痕的四边形。

216. 答案：一个人把木板向河对岸伸出5尺左右，自己压住留在岸上的这一头。对岸的人就把他那边的木板搭在伸过来的木板上，从上面走过来。然后，他再替换着压住这岸的木板，这岸边的人就可以从木板上走过去了。

217. 答案：男生2人，女生3人。

218. 答案：3个长工把树木摆放成三角形。

219. 答案：先用3根橡皮筋每根捆3支铅笔，最后一根橡皮筋把这3捆铅笔捆在一起。

220. 答案：在一根线的一端拴一个螺母，用手把线的另一端轻轻捏靠在侧立的破碟子的上边，让线自然下垂，画下线所在的位置，然后换个位置再做一次，两线交叉的地方就是破碟子的重心。

221. 答案：小凤与小兰都是6岁。谁的生日小谁就大些。

222. 答案：共有119名女同学和1名男同学参加这次展览会。

223. 答案：最后还剩下 5 根蜡烛，因为其余 4 根都燃完了。

224. 答案：还有 5 个。

225. 答案：一盒粉笔 90 克重。

226. 答案：小杰说得不对。平均速度应为 3 里。

227. 答案：3 个。

228. 答案：因为三角形的两个边长的和总是大于第三边，而这个骗子说的恰恰是两个边长的和等于第三边，所以很快识破了骗子。

229. 答案：二班得了 47 分，一班得了 53 分。

230. 答案：借助水的浮力，一个人先攀上软梯，另一个人待水齐到颈部时开始攀登。攀登的速度与水涨的速度相同，使水的高度始终齐人的颈部。借助水的浮力，人在水中的重量就大大减轻了，这样，软梯就可以负担得住两个人了。

231. 答案：猪妈妈把 3 只小猪留在了家。因为猪妈妈带来一只小猪后，小猪们平均分得了馒头，即每只小猪 4 个，16÷4 = 4，原来分馒头时少了一只小猪，所以是 4 − 1 = 3 只。

232. 答案：哈哈买的是猪血，付了 1 元钱。把所有的数字相加，就 100（分）。

233. 答案：不对，应是 5 分钟。

234. 答案：12 个星期。

235. 答案：59 分钟。

236. 答案：3108÷4 = 777 名卫兵。

237. 答案：260 公里。

238. 答案：米乐仍然胜利。因为米乐跑 100 米时米奇才跑 90 米，那么离终点还有 10 米时，它们是并驾齐驱了。所以米乐仍能领先 1 米到达终点。

239. 答案：两头猪。

240. 答案：没亏。他只用了 0.80 元买铅笔。

241. 答案：3 个同学还是用了一样的力气。因为三角形的重心位于 3 条中线的交点, 这个交点把每条中线分成了 1 : 2 两部分。如果 3 人的高矮差不多, 不论抬哪一个角都要承担 1/3 的重量。

242. 答案: 小白兔先跑到终点。因为小白兔跑得快, 即使小白兔让给乌龟 20 米, 但乌龟要达终点, 还是要比第一次多爬 20 米。小白兔同样多 20 米, 当然先跑到终点。

243. 答案: 在 7 截烟蒂中, 先用其中 6 截接成两支烟, 还剩下一截, 再加上这两支吸剩下的烟蒂, 又可接成一支烟吸, 他正好吸了 3 支。

244. 答案: 原来, 两位父亲和两个儿子是祖父、父亲和儿子的关系。祖父给儿子 (父亲) 800 元, 父亲又从中拿出 300 元给儿子。因此, 两个儿子的钱加在一起只有 800 元钱。

245. 答案: 小能原来的苹果有 7 个, 而小明只有 5 个。

246. 答案: 4 个朋友应该先是小飞, 再下来是小红, 接着是小兰, 最后是小玲。

247. 答案: 因为开往郑州的车是 4 辆编组, 而开往北京的车则是 6 辆编组。

248. 答案: 点数的猪娃娃都没将自己本身数上, 其实一个也不少。

249. 答案: 10 只手有 50 个指头。

250. 答案: 树上只有一个苹果, 树上一只猴子都没有, 猴子都在地上打起架来了。

251. 答案: 还有 5 个。

252. 答案: 灵灵先用右手画圆, 再用左手画正方形, 当然画得好喔!

253. 答案: 这个窗户中一共有 14 个正方形。

254. 答案: 9 字去尾为 0, 6 字去头是 0, 8 字去一半仍是 0, 所以, 这次打猎是一无所获。

255. 答案: 小王的车牌号码是 9317。

256. 答案: 这一位学生画了一座城楼, 城门口的战马刚露出半个头, 一面 "帅" 字旗斜出。虽然没见一兵一卒, 但千军万马可想而知了。

257. 答案：张工程师用木板钉了一个长宽高均为1米的木箱，然后将钢坯斜角放进去，因为1米的立方体它的对角线超过1.7米。

258. 答案：小孩回答说："要看是多大的桶。如果桶和水池一般大，那就是一桶水。如果桶只有水池一半大，那就是两桶水……"

259. 答案：小狗跑的路程是50米。最简单的计算办法是，在爸爸赶上明明之前的时间里，小狗一直在按相同的速度连续奔跑着，而爸爸与明明间的10米距离，每秒都缩短1米。所以，2人相遇是在10秒后。小狗的速度为5米/秒，它跑的路程就是.50米。

260. 答案：小聪在瓶子里灌满了水，然后将水倒在一个量杯里，这就得出了非常准确的容积。

261. 答案：小凡还有498本书，除了2本书被小妹妹弄丢了，小明和小刚借去的仍然是他的。

262. 答案："1111"是独一无二、"1001"是始终如一。"1111"是说学习几何没有捷径，必须始终如一地坚持刻苦学习，才能学有所成。

263. 答案：3支箭中了10环，1支中了7环，还有1支射到靶子外去了！

264. 答案：3个儿子，4个鸡蛋。

265. 答案：婆婆说的三五天是 $3×5＝15$ 天，七八天是 $7＋8＝15$ 天，因此3个媳妇可同去同回。

266. 答案：将纸随意折叠，再将B部分折过去与A部分边缘并拢即可。

267. 答案：原来是打字员把89打颠倒了。

268. 答案：最少可以切一块，就是不切。

269. 答案：文文的妙法就在于他先沿着螺旋形切蛋糕，然后从上而下再来一刀。

270. 答案：老人把自己的那头骆驼先算入富人的17头骆驼中去，就是18头。富人的大儿得9头，二儿得6头，三儿得2头，共是17头。

老人的那头仍旧是他自己的。

271. 答案：因为9是单数，沙僧第一次只拿一个，紧接着每次都拿两个。这样猪八戒吃完了，沙僧还有一个在手里。

272. 答案：查理的话是真的。因为他是跟比尔比赛1000米长跑，跟杰克比赛100米短跑。

273. 答案：爸爸植了14棵，哥哥植了7棵，小冬植了2棵。

274. 答案：小波的答案是火箭先到达美国，实际上火箭飞到天上去了，应该是飞机先到达。

275. 答案：欢欢找来一个大玻璃瓶，把醋全倒进去，在瓶上做个刻度，然后把醋倒出来，再把柴油倒进玻璃瓶，达到那个刻度就是3升柴油了。

276. 答案：要76分钟。

277. 答案：一共23给。即 $(3 + 6 - 2 + 7 - 3) \times 2 + 1 = 23$。

278. 答案：不是的。这对双胞胎是哥哥在12月31日12点前生的，而弟弟则是在第二年1月1日生的。

279. 答案：这年2月份根本就没有29日，这个人说他29日在迪斯尼乐园玩就是撒谎。

280. 答案：原来，如有新生儿出世，同样数目的成年人就会马上离开村子，生一个，走一个，生两个，走一双，直到村子里有人死亡，总人口少于此数的时候，他们才回到村里，再凑满147人。所以他们村的人口数字永远不变。

281. 答案：警方推断，被车撞后仰面倒地的男子，很可能将逃跑车辆的号码上下看颠倒了。"6198"的数字倒过来看，就成了"8619"。警方按此线索调查，果然抓到了交通肇事犯。

282. 答案：先把那个3斤的砣放在秤上称出重量，然后用手帕包上沙子或别的东西，称出几倍3斤的砣的重量，把它系在底砣上，就可以称西瓜了。

283. 答案：因为1979年是质数，即只能被自己及1整除的数字，故 a + b = 1979。同时 a 和 b 必定是一奇一偶的三位数，其相差必是奇数。因此，a − b = 1 或 3（不可能是 12 的其他偶因数）。

由 a + b = 1979：

或 a − b = 1 或 3：

分别得出：

a = 990 或 a = 991：

b = 989 或 b = 998：

由于 b 的最后一个数能整除 24，最后算出的特别电话号码是：991998。

284. 答案：尽管小贩在音乐的伴奏下拼命吆喝："二分，一大碗香茶。"可是，到了晚上，他只卖出一碗茶水，得到二分钱。

285. 答案：深谙车老板种种花招的稽查员早有准备。戴着耳机、手持立体声录音机的女稽查员小李嘲讽地说："你想听听录音吗？"车老板只好乖乖地交出营运证，听候处理了。

286. 答案：圆竹筒的 1/3 处有个竹节，因刀子搁在竹节上没有劈过去，就说缺少米，无法过节。

287. 答案：3 天里捉 3 只老鼠，就是平均 1 天捉 1 只。所以要在 100 天里捉 100 只老鼠，也同样是 3 只猫就够了。

288. 答案：当钟敲到第十次时，便用去 27 秒。很多人便直觉地认为每打一次钟要用 2.7 秒。其实，这 10 次声响之间，只有 9 个空间，因此钟声与钟声之间是相隔 3 秒。而 12 次钟声则 11 次空隙，故是 33 秒。

289. 答案：28 秒。

290. 答案：其中一个连盘拿走，盘里就留着 1 个苹果。

291. 答案：物体所受重力的大小，取决于地球对物体的吸引力。地球对同一物体的吸引力，在地球表面的不同地方，实际上是不完全相同的，它随着离地心距离的大小而变，距离近了，吸引力就大些，距离远了，吸引力就小些。据科学计算，在两极地区物体的重力，要比赤道附近大 0.53%。如果在南北极称是 1 千克的东西，运到赤道附近时，就只有 0.9947 千克了。同时，物体重力还同地球的自转速度有很大关系。在南北极，基本上不受地球旋转的影响，所以，那儿的地球引力最大；在赤道附近，受地球旋转的影响最大，地球引力减小。基于以上原因，那商人将 5000 吨青鱼从北极附近的阿姆斯特丹运到赤道附近的马加，自然就减少 19 吨。因此，偷鱼贼不是别人，而是"地球引力"。

292. 答案：$(4 \times 4 + 4) \div 4 = 5$；

$4 + (4 \div 4) \times 4 = 20$；

$4 \times 4 + 4 + 4 = 24$；

$(4 + 4) \times 4 - 4 = 28$；

$(4 \times 4 - 4) \times 4 = 48$；

$4 \times 4 \times 4 + 4 = 68$

293. 答案：在镜中照见的物体都是左右相反的。数字中除 0 外，只有 1 和 8 在镜中照出来的仍旧像 1 和 8，于是知道鸡和鸭的积一定是 81，因为 81 在镜中照出来的是 18，正好是 9 + 9，由此可知，小敏家里养的鸡和鸭各是 9 只。

294. 答案：原来由地下至六楼，实际只有 5 层；由六楼至十二楼，则有 6 层，故此需要 48 秒。

295. 答案：(1) 两个罐都没有桔汁流出来，说不上哪个快。因为一定要有外面的空气进入罐里，桔汁才能流出。如果只有一个孔，外面的空气进不去，罐里的桔汁也就出不来。即使有两个孔，如果挨得比较近，空气同样不能进去，因此桔汁照样流不出来。要使桔汁顺利地流出，两个孔必须隔远些。斜着倒，让一孔进空气，另一孔出桔汁。(2) 斜着倒得快。斜着时外面空气比较容易从瓶口进入瓶里，水容易流出来。瓶子开了孔以后，进入瓶里的空气比斜着的瓶多，所以水流得快。这道题可以用塑料瓶做试验。

296. 答案：用一把尺迅速地击卡片，使卡片从杯子上飞出来。由于惯性的作用，鸡蛋会落到杯子里。

297. 答案：只剩下两名乘客。

298. 答案：梯子一共有 23 级，即 $(3 + 6 - 2 + 7 - 3) \times 2 + 1 = 23$。

299. 答案：兄弟 3 人各自赶 1～2 只羊，分别通过关卡，所以一只羊也未损失。

300. 答案：王先生既然拿出 3 个馒头，即手上握着 3 个馒头。

301. 答案：分配子弹后，3 个猎人共消耗了 20 发子弹。此后，3 人所剩的子弹总数和分配时每人所得的子弹数相同。假如 X 为子弹的总数，减去 12 粒后，仍等于子弹总数分给 3 人的数量。故公式是 $x - 12 = x/3$，$x = 18$。

302. 答案：光速每秒 20 万千米，子弹速度约每秒 1～2 千米之间，而声速为每秒 1/3 千米。可见最先发觉有人开枪的是聋人，其次是睡着了的人，最后是盲人。

303. 答案：先找出他们相隔日子的最小公倍数，即是他们要经过 48 个星期才会相会。分别之时是 1 月 1 日，48 个星期后便是 12 月 2 日。

304. 答案：100 位读者中有 99 位也会说："两人同时回来。"但事实上却不然。在流动河水中划艇，若是顺流时，当然可少不少气力及时间，但所缩短的时间却不是弥补在逆流时所增加的时间。所以在河里划船的运动员要比在静水中划船的运动员迟回到出发点。

305. 答案：按下列次序搬枕木 $5 \to 1$，$6 \to 1$，$9 \to 3$，$10 \to 3$，$8 \to 14$，$4 \to 13$，$11 \to 14$，$15 \to 13$，$7 \to 2$，$12 \to 2$。

306. 答案：设玲玲的年龄为 x，晶晶的年龄为 y，则黄老师的年龄为 $10x + y$。根据题意可列出方程：

$10x + y = 2xy$，

因为 x 不等于 0，则原方程两边同除以 x 后，得

$10 + y/x = 2y$。

令 $y/x = z$，这样原方程变成一个二元一次不定方程

10 + z = 2y。

因为，10 和 2y 都是整数，

所以，z 也是整数。

因为，x 和 y 都是正整数，且 y = xz，

所以，y 也一定是 z 的整倍数。

根据上述条件，适合方程 2y − z = 10 的解只有

因为，x = y/x = 6/2 = 3

所以，原方程的解是

即晶晶 6 岁，玲玲 3 岁，黄老师 36 岁。

307. 答案：可以。当小明身体离开地面时，两边绳子所承受的重量分别是 25 公斤，而小明的双手是可以举起 30 公斤的物体，因此他可以将自己拉起来。

308. 答案：梨 11 个，桔子 7 个。

309. 答案：第一个和第二个代销店各分得：满桶 3 个，半桶 1 个，空桶 3 个。第三个代销店分得：满桶 1 个，半桶 5 个，空桶 1 个。

310. 答案：猫能吃到肉。猫和狗的速度本来是一样的，但是在去的 100 米里，猫是一步 2 米，100 米需 50 步，返回时仍需 50 步。而狗一步是 3 米，跑 33 步才达 99 米，跑 100 米还差 1 米，这样还需再跑一步，就是说在第一个 100 米的比赛中，狗需跑三十四步，返回时仍需 34 步。因此，在 200 米的来回中，狗要跑 68 步，这相当于猫跑 102 步的时间，而猫来回只需跑 100 步，所以猫便获胜了。

311. 答案：汽车走了 110 千米。另一个路标的数字是：16061。